U0917241

# 两个人很美好，一个人也自在

吴迪 作品
WORKS

Be Good With You,
But Ease When
I Am Alone.

CNS
湖南文艺出版社
HUNAN LITERATURE AND ART PUBLISHING HOUSE

博集天卷
CS-BOOKY

图书在版编目（CIP）数据

两个人很美好，一个人也自在 / 吴迪著. -- 长沙：
湖南文艺出版社，2014.9
ISBN 978-7-5404-6850-7

Ⅰ. ①两… Ⅱ. ①吴… Ⅲ. ①恋爱 - 通俗读物
Ⅳ. ①C913.1-49

中国版本图书馆CIP数据核字（2014）第183055号



上架建议：散文·随笔

两个人很美好，一个人也自在

作　　者：吴　迪
出 版 人：刘清华
责任编辑：薛　健　刘诗哲
特约监制：陈　江　毛闽峰
策划编辑：范冰原
营销编辑：张　璐
封面绘制：黛　西（出自作品《无论如何等到我们相遇》）
卡片绘制：温　泽
装帧设计：八牛·设计 banu_zhu@163.com DESIGN
版式设计：张丽娜
出版发行：湖南文艺出版社
（长沙市雨花区东二环一段508号　邮编：410014）
网　　址：www.hnwy.net
印　　刷：三河市鑫金马印装有限公司
经　　销：新华书店
开　　本：640mm × 960mm　1/16
字　　数：250千字
印　　张：21
版　　次：2014年9月第1版
印　　次：2020年2月第2次印刷
书　　号：ISBN 978-7-5404-6850-7
定　　价：34.80元
（若有质量问题，请致电质量监督电话：010-84409925）

# 目录

两个人很美好，一个人也自在

## 尊重每个人的不同选择，是时代进步

系。单身也许孤独，但是相比结婚的物质压力和磨合的艰难，那是小巫见大巫。



创办恋爱训练营三年，我的深刻感受是：我们的教育毁人啊！从小习惯了老师给中心思想、考试前圈范围、追求唯一标准答案，到大学父母还不让恋爱，听话的乖孩子28岁、30岁不会恋爱，没有男女交往的基本常识，又被逼婚，真是可怜，生生要被逼出精神病来！



一位看上去很矜持的女学员通过大半天的学习，晚上在SALSA PARTY上跑过来对我说，“我不想再当壁花了，我可以去请男人跳舞吗”，我说可以呀。没想到她刚站起来一会儿，就被男人发现把她请去跳舞了。跳完她回来很开心，我们热烈鼓掌。女人的主动有时就是你要站在男人看得见的地方。

## 人生何处不相逢



结婚的必要性如今已经大幅下降，结婚不是每个人必须的，实际上幸福婚姻只占很小的比例，绝大多数只是混着过日子，离婚率飙升。不结婚，你还要恋爱吗？想恋爱，早在18岁就应该学习了。当然，现在开始也不晚。



“个人主义”这个词，在30年前的中国还是贬义词，是批判用语。个人主义盛行才会崇尚爱情，才会把爱情放到婚姻中的首要位置。集体主义的婚配是要让“大家”满意，面子比夫妻感情更重要。



恋爱训练营的很多男女，喜欢把我和共同创办人BOB当魔镜，约了对方一次就跑来问：你觉得他/她跟我合适吗？我还要再约吗？我说：鬼知道你们合适不合适，自己去花时间交往，感觉到不合适随时叫停，约了一次就想知道答案，你该有多着急，这也就是你为什么恋爱困难的原因。

## 039 // 少扯淡，想要男人就说要！

在哪里可以遇到我合适的人？以你自己为圆心，半径100米画个圆。这个圆可以覆盖到的地方，就是他/她可能出现的地方。你这个圆移动的区域越大，你的生活内容越丰富，你就越不需要相亲，他/她会出现在你的视野中。回家去反省一下自己那个圆吧。

## 042 // 随手解拍单身男女

一个女生抱怨说：我在征友广告里已经写明了要一米七八以上的男生，可还是有一些一米七五的来问可以吗？更离谱的是还有一米七〇的，不认识数字吗？如果那个一米七〇正好是梁朝伟呢？实际上他光脚还不到一米七〇。无需用硬性数字框住自己而错失良机。

## 049 // 女人挣得多太优秀会不会嫁不出去？

如今三十几岁的成功女人不少，可是她们想要的比她们更成功的男人，大部分不想要她们，嫌她们年纪大不够漂亮而且强势不听话。经济地位改写男女关系，成功的熟女们如果一味秉持古老的"男人要比我强"的观念，那么在中国被剩下的可能性就很高了。

## 052 // 如果你嫁不出去，只能说明你没有你想象的那么值钱

中国传统的婚恋观，男人的财富和女人的年龄是一个范畴，互相交换。如果你痛恨这样的价值观（我痛恨），不想自己的年龄相貌被计较，那你也不要计较男人的钱，双重标准要不得。

## 055 // 找一个有缺点的伴侣

女网友不同意，说：难道男人好色也是本性，我们应该包容吗？难道你居然不知道男人好色是本性吗？！男人都好色（同性恋好男色），做不做，计算风险成本后敢不敢做，那是他的选择。他做了后，你是不是包容，那是你的选择。你不肯承认男人好色的本性，那是你的无知。

## 抛弃有毒的教条

父母那个年代。

## 075　//　性欲，恋爱的驱动力

某次恋爱训练营讲座，谈男女契合度诸要素，我最后添上了大家都漏说但是很重要的一点——性匹配度。好几个女生事后说“三观被毁”，马上报名参加恋爱训练营要求被重新洗脑。话说，原来你们是啥样的三观啊，不知道男女关系的核心是性吸引？

## 078　//　性在中国，可做，不可说

一谈到享受性，马上就有人说“这不是美国，你那些开放的性观念不适合中国”。亲，你错了，中国人性观念的不开放并不是不可以做，而是——不可以说！中国人是婚前性压抑，婚后性泛滥，加上权钱交易商业往来中的性贿赂，出轨率屹立世界之林。切，小瞧我们中国人！一个中等城市的性工作者就有20万、30万之多，都是谁在消费？外星人吗？

## 084　//　谁敢娶女博士？

女博士，被一些人称为男人、女人之外的第三类人，有调侃有偏见，有一竿子打翻一船人。

## 086　//　谁是老实人？

你妈跟你说：你都30岁了，不要再挑了，找个老实人能过日子就行啦！老实人？谁是老实人？你妈嘴里的那种老实人只存在于她那个时代，全国人民都穷，男人没什么花头。不要把木讷当老实，不要把话少当老实。

## 088　//　女人的世界就只有爱情吗？

法国女人16岁就是女人了，青春可以绵延到五六十岁；而中国女人，很多22岁以前都是青涩小屁孩不知男女之事，一过28岁就感叹自己是豆腐渣，青春何其短啊！这些年我不遗余力地在做我自己的“公益”，向年轻女性传播这样的理念：你是女人，可你首先是一个人，人的最高追求是自我实现。

## 一个人有能力过得好，两个人才能过得好

153 // 万人相亲大会，你会去吗？

去年的万人相亲大会，据报道有三成是80后的50后父母们，条件好一点的男生便被老阿姨们围追堵截，有个特别与时俱进的阿姨问一貌似高富帅男：“你条件这么好，怎么会没女朋友？你真的是喜欢女人的吗？”

157 // 把你的玻璃心练强大点！

年底派对扎堆，如何在派对上迅速了解男生情况还不尴尬不像查户口？对某男有好感如何引起他注意，并在派对结束后有单独见面机会？否则派对人越多越无效。

162 // 公司能为员工找对象吗？

人生在世，主要混两个场：职场和情场，很多人没有意识到这是两个不同的场，想要混得好，需要的能力不同。很多人（特别是男人）以为职场优秀，挣钱多，自然情场得意。

165 // 婚介能帮你什么，不能帮你什么

单身男女如今找对象难已经成为社会共识，工作忙压力大，社交圈狭窄，很多人身边一个熟识的单身异性都没有，不得不求助于婚介机构。而婚恋网站、婚介机构的红火也正说明了这一刚需。然而，一说起婚介，很多单身男女疑虑重重，婚介机构良莠不齐，婚托更是恼人，婚介靠谱吗？

168 // 喷相亲对象有意思吗？

看到很多男女喷相亲对象，我就想问一个问题：不依赖相亲，你自己能找吗？能把同学同事蓝颜红颜变成恋爱对象吗？能交新朋友吗？能让你喜欢的人也喜欢上你吗？懂明示和暗示吗……

170 // 你可以追求任何人，你可以拒绝任何人

很多人把对方拒绝=我不好（彻底否定自己），因此害怕。亲，你不是人民币，不会人人都喜欢，但是不等于你不好。情场的游戏规则是：你可以追求任何人+你可以拒绝任何人。心理不够强大不能接受这个规则的人，勿入情场。

跨年派对旗袍秀，要求女生都穿旗袍，对很多女学员来说是平生第一次，我陪她们去买、租旗袍。一位名牌大学硕士女惊呼：原来做女人还有这么多讲究啊！女人为了要嫁出去，要费这么多工夫。我说：你错了，爱美是人的天性，身为女人爱美爱打扮首先是愉悦自己，而不是单为嫁人。



有人说我不喜欢自己，请问如何才能喜欢上自己？先描述一下你喜欢的自己是什么样的？然后对照一下现在的自己，哪些是可以通过努力改善的，哪些是无法改变的需要接纳自己。



某次参与在上海电视台星尚频道相亲节目《因为爱情》（原《丈母娘看女婿》）录制录像，一个上台相亲的男嘉宾，其的爱好是骑单车出游，5号钉子户曹雪莹的妈妈对每一个男嘉宾都打叉，但是很喜欢表现，说她就喜欢骑单车的男生（她的青春记忆）。我说，可是你女儿喜欢的是悍马啊，当然，把单车放在悍马上应该不难。



自称“人家”的女人，啥工作都不用做；自称“偶”的能省去一半工作；自称“我”的工作都是自己的；自称“姐”“老娘”的，连男人的活都是你的；最惨的是自称“爷”“女汉子”的，连阴间的事都归你管。



现在很多相亲男女同时都在见几个，然后从中挑一个发展成恋爱关系。有的人见了几次对你没感觉，也就不联系了，过了几个月又冒出来了。为什么？哈，他其他的候选人都落空了。你要是也闲着，去啊！

## 羡慕，嫉妒，恨和酸葡萄心理

# 关于男人的细枝末节

孩子就好了。殊不知，孩子的到来是个重大工程，他/她会让感情好的夫妻齐心协力；也会让感情劣质的夫妻彻底分道扬镳。不要指望一个幼小的孩子来拯救你们的婚姻！害自己，更害那可怜的孩子。



婚姻的失败通常都在这几件事上：性、钱、生活习惯。婚前一定要把钱谈清楚，做好财务规划；但是，谈钱要在有感情的基础上，有感情，才能有商量。



你是一个追求自我自由的人吗？你认为婚姻中第一要素是爱情吗？你选择他/她结婚，因为他/她跟你是一样的人吗？如果回答都是肯定的，准备好婚后若干年他/她或你出轨的可能（可能，不是一定）。



无论早育还是晚育，生孩子当母亲都是“自讨苦吃“，一样辛苦。以为生孩子就是生产，趁年轻快快生好恢复身材，然后把孩子扔给老人管的女人，以后都会尝到苦果。



闹离婚的夫妻来跟我做心理咨询，问及为什么吵架，大部分都说：鸡毛蒜皮。既然是鸡毛蒜皮，为什么会吵到离婚？其实，背后掩藏着对他/她深层次的不满，不知道怎么表达好，不敢触及，怕一说出来就不可收拾，于是就用鸡毛来说事。而他/她并不理解你的深意，就也用别的鸡毛来回应。



婚前极尽所能讨好我，尊重我意见，婚后开始无视我的看法，觉得他应该单方面代表我的意见，特别是面对他家人亲戚的时候。并且他希望我成为家庭主要经济支柱。



卷入婚外恋的男女常常会问我的问题：我要不要离婚？答：为了你自己离婚，不要为了他/她离婚。

## 尊重每个人的不同选择，是时代进步

一个城市如果没有GAY、剩女、怪咖，那就不能被称作大城市！

## / 宅在家里等另一半掉下来 /

美国三大电视网之一CBS（哥伦比亚广播公司）要来采访我，问题是：为什么现在中国的年轻人找恋爱结婚对象困难？为什么10年前没有这个问题？跟80后这个人群本身的特质有关系吗？

我很想问问作为当事人的80后，如果你也是恋爱困难的，你认为原因是什么？

以下是我的新浪微博“@麻辣情医吴迪”收到的来自80后的答复：

@腰围重出江湖：教育问题，我们从小到大的两性问题从来没有摆在台面上谈过，反正家长老师从小就在防早恋，到后来，男性女性都不会交往了，纯理想化了；再后来年纪大了就纯理性化了。

@小不点lucia：设定太多条条框框；自我保护意识太重，害怕受伤害，不愿爱别人；有了网络的时代，似乎不找伴侣也没那么孤单；圈子小，更多人宅在家里等另一半掉下来。

@慢小锐：现在的社会关系更复杂，每个人需要衡量的因素更多，恋爱就更难。有的人物质要求高，有的人相貌要求高，有的人希望能志同道合，有的人都想要，可偏偏自身所处的圈子窄，遇不到合适的人。而且现在普遍晚婚，女孩也不再像过去那样怕别人说嫁不出去，所以就恋爱难结婚难。

@寻找荏小卿：过于自我，和别人相处的能力差，对别人要求高，稍有不满意之处就会放弃。奔着结婚去的恋爱总是过于现实，没找到物质和精神都适合的男生就不愿意开始一段感情，却忘了以外在去衡量一个人，永远不知道那个人是不是适合。

@XiaoxuWu：现在的人比十年前的人复杂太多，社会环境也更复杂，可选择的余地更大。可是很多人不能客观地看待这个问题，各种矛盾交织，最终促成了这样一种现象。

@啊吴小芸：一个人衣食无忧自由快乐地生活，并且也能把很多快乐带给亲人朋友，婚姻对我来说反而是种束缚，不知道该为了什么去结婚。

@E伯爵：我个人是跟性格和环境有关，文字工作本身圈子窄小，内向而缺乏交友途径是主要原因。很多人说80后过于看重物质，但我周围的单身女性并非如此，只不过她们和我一样习惯被动地等待。我发现现在很多男生也在等待，导致朋友圈越来越窄。

@我是大米_CT：不确定性吧，以前不上学的工厂会招工，上学的毕业会包分配，大家都一样，找谁都一样。现在每个人都有各种可能，选择多了，选择也难了。

@李杰-混在魔都：网络的发展，是把双刃剑，让人们很容易认识异性，但又正因为容易，一方面不会珍惜，一方面这山看着那山高，挑来挑去……最后大家都单着。

@欢腾的小草：原因不是一两句话能说清的，我觉得主要有两点：1.自由恋爱的普及。80后的父母们大都不是自由恋爱，导致80后只能摸索直接经验无法从长辈那里得到间接经验。父母与子女观念的不同，让80后在夹缝中艰难地选择。2.生存压力大，让80后没有过多精力谈情说爱。

@咖乐符：上学时追求升学、就业，工作后压力大，包括人际关系、买房、父母期待，很难放松地谈一场无所顾忌的恋爱。很多人通过相亲认识另一半，多数婚后琐事导致感情生活质量严重下降，中国人的婚姻质量堪忧，根本还是先天不足。

@苏丝小贱：古时候的人，不管会不会谈恋爱，家里安排相亲以后，结婚就顺理成章。这的确解决了单身问题，但并不代表他们懂恋爱懂生活。

@皓影：因为生活目标多元化，结婚不再是必需品。

@芥末丝_since_2001：父辈50后、60后的身边环境变化很小，而80后则不然，在25岁至35岁这个阶段，社会环境和人们的心理都在剧烈变化，未来的不确定性让80后感到迷茫不安。在这种状态下，维系一段关系好像比较困难。

@ComicCelia：1.比较自我，难以妥协和包容；2.结婚经济压力很大；3.看不到结婚的必要，婚姻内的好处不用结婚也可以得到，还少了婚姻的束缚，所以缺乏动力去寻求婚姻关系。

@涩楠O_o：自食其力且不愿委屈自己，不愿妥协，而且也不期待别人能给自己带来什么。

@假装_娱乐：1.洗脑教育，爱的能力缺乏；2.高房价毁了爱情和婚姻；3.独生子女政策。

@skerry：恋爱一般都是喜欢找“感觉”，但很少有人知道自己要怎样的感觉，其实还是没弄懂两个问题：一、我是什么样的人；

二、我需要什么样的人。

@萱_妮诗：80后的独生子女相对来说都比较“独”，以自我为中心，更多地考虑自我的感受，朋友还好相处，恋爱却很难长久下去，想的太多，顾虑太多，很难完全接纳一个人，热恋期一过，相容的概率就越来越小。

@洋土狗逆袭ing：个人以为，恋爱是本能，但是接受的教育扭曲了很多人的心理，于是出现诸如“恋爱就要结婚，不然就是耍流氓”等观念。另外，家庭内部缺少榜样（如父母如何处理矛盾等），对下一代的影响很深。

@peapod：观察下来，周围单身的女孩子有下面几种情况：1.要求太高，看不清自身的条件，与自身匹配的看不上；2.太被动，太老实，太听父母的话，从小不让早谈恋爱，于是就耽误了；3.固执地希望能找到理想中的伴侣，事实上这样的伴侣并不存在。

@大宝贝的宝宝：独生子女受到父母的过度保护，内心过于脆弱，害怕受伤害。女生受的教育是女生要被追，男生受的教育是不要这么早恋爱。女生不敢接受，男生不敢追，彼此都不敢投入去爱，总怕自己吃亏受伤难过，自私地想要一个全心全意对自己好的人，但自己的付出越少越好。

@可爱米多多：从小我们就被教育好好学习不许早恋，但一上班就被父母要求结婚，难道我们都是没有感情的木头人？如今，为了房子户口编制，大家只能拼命工作，严重缺乏爱的能力，缺乏时间、精力等爱情要素。

@迦陵频伽-Carrie：1.内外因兼有，不能找到并忠于自我，甚至有些人都不清楚自己想要什么样的婚姻；2.对外界的恐惧，社会、就业的压力等；3.长辈“爱护”下不自立，责任心缺失；4.社交圈较窄。

@Wasabi大人：物质方面的要求把很多人都推出了圆圈外，圆圈内的又没有感觉；对有兴趣的陌生人不敢搭讪，怕碰到坏人；由于生活习惯和地域文化差异的关系，也不考虑找外地人……种种原因导致可选择的人太少。

@tuotuomomo：自我意识得到了提高，但是对自我并没有明确的概念，直接导致好像什么都无所谓，但是事实上都有所谓，于是谁都看不上。

@Teeborn：1.学生时代没有恋爱；2.缺少自我分析，好高骛远；3.没有自信，不敢主动；4.缺少集体活动，“宅”多；5.好攀比好面子，不乏父母因素；6.自私，只求回报，当自己是少爷少奶奶……从四周现象来看，不胜枚举啊。

@吉吉_gigi：从小家教严格，不可和男同学交朋友，考上大学前不可以谈恋爱，一切以学业为重。大学毕业工作后，马上被要求找到合适对象结婚，但是一般没恋爱过的人，对爱情会有梦幻的憧憬，也不知道自己想要什么样的另一半，就被一头拉进现实的婚姻市场里，唯一接受过的爱情教育都来自电视剧，而不是从现实中与异性交往积累经验。

@勤奋的双鱼妞妞：呵呵，20年前，吴老师在美国留学的时候大概没有想过CBS有一天会来采访自己。相比教人谈恋爱，我觉得吴老师更大的贡献是教男女老少独立，教纠结成一团乱麻的中国家庭走向个体化。中国家庭个体化进程缓慢，已经影响到了产业结构转型，没有独立的人就没有独立思维，没有独立思维就没有创新，没有创新就没有核心技术和知识产权，就只能做世界工厂。

## / 不求婚姻，不拿自己做买卖 /

一个34岁的单身女找我做心理咨询，她相貌平常，从没恋爱过，现在被父母催婚。月入两万，自己感觉过得很不错，她不需要传说中的“爱情”，认为男人很麻烦，也没有感觉到性需求（从未被开发过）。厌恶相亲，她很容易看不上男人，当然男人也很容易看不上她。我跟她说：你一个人过，挺好的，再过两三年父母也就死心了。

某网友说，这样的剩女都觉得自己挺不错，随着年龄增长，贬值的速度比人民币快多了。但是，不求婚姻，不拿自己做买卖，有什么贬值可言？单身是她自己的选择，她有工作，有自己的消遣。此女是做房地产的，我们愉快地谈起以后她主攻单身公寓和养老房地产，一片巨大的蓝海啊。

一个人做任何事的最大驱动力是——欲望。没有欲望，什么事都做不成，恋爱结婚更是如此。不需要爱情，没有性欲，恋爱结婚干什么？想想都头疼。我一直认为单身是很正常的生活方式，包括单身无恋爱无性爱，只要他/她自己开心，都是正常的，中国80后这代首先在一线城市将跟欧美一样，20%的女性40岁前单身。

我刚看了英剧《神探夏洛克》第三季第三集，卷福是我的男神，他自称高功能反社会人格，靠破案寻求刺激，不近女色，华生太太玛丽说他不懂人类的基本感情……我想起上海的白领话剧《十三》有句逗乐的台词：一个城市如果没有GAY（同性恋）、剩女、怪咖，那就不能被称作大城市！

一个人过就不行吗？我喜欢美剧《生活大爆炸》中谢耳朵在朋友婚礼上的幽默发言：人穷尽一生追寻另一个人共度一生的事，我一直无法理解，或许我自己太有意思，无须他人陪伴，所以我祝你们在对方身上得到的快乐，与我给自己的一样多。

我和BOB刘忠创办的恋爱训练营，目标对象是想恋爱结婚但是不知道怎么做的男女，绝不是宣扬人人必须结婚。

恋爱训练营试图教会大家：

- **自由选择生活的思维方式；**
- **独立生活的能力；**
- **多元的社交技能；**
- **自由快乐地恋爱。**

实际上，现在中国大城市离婚率近40%，凑合过的占40%，只有20%的夫妻真正感觉幸福美满。我常跟恋训学员说：不要把结婚当终点，不要以为现在是你人生最艰难的时候，苦日子在后面！

有一个近40岁的单身女人（看上去30岁）参加恋爱训练营，目的很特别：搞清楚自己到底想不想结婚。她自由职业，收入很好，30岁时也很焦虑父母催婚。她是潜水狂热爱好者，满世界去潜水，皮肤晒得乌黑，身材一级棒。恋爱训练营三个月的私教课程结束后，她确定自己真的不想结婚生子，只要恋爱关系。我说：恭喜你，潜水去吧！

有网友评论：40岁的女人还能得到“真”恋爱吗？不管她怎么想，想想能跟她“恋爱”的男人什么心态——性、钱、不用负责。我对此的评论是：不是一个世界的人，总是难以想象别人是怎么活着的，因为他们只能用自己世界的章法来想问题。对此，我只有嘿嘿一笑了，鸡同鸭讲。

我很庆幸十几年前我还没有学习心理学，对婚姻还没怎么看透，一时糊涂结了婚。要是等到今天，做了10年两性关系心理咨询师，把男女关系和婚姻都看了个明明白白，还能跟谁结婚啊！婚姻就像信上帝，不能问为什么，信则有，不信则无；不能问有啥意义，本来人活着就没啥意义，是你赋予了意义。

有人说，单身的要多赚点钱，以后老了好住养老院。错，结婚有孩子的才要多赚钱，在中国养孩子多贵啊！特别是我这样有两个娃的。如今养儿不指望防老，不啃老就谢天谢地了。等老了动不了了，我和老伴一起住品质好的养老院，或者一个死了一个住养老院，想明白了没什么好怕的。

我的姑父姑妈80多岁了，行动自如，经济宽裕，他们选择离家住在养老院，每月房租4000多元，三个儿女在国外或其他城市，他们不想跟儿女住，自己挺悠闲。现在养老院、老年公寓供不应求，我相信30年后等我老到不能动了，会有更多养老院可供选择，因为市场需求大，有利可图，好生意。

我是一个异性恋，已婚，儿女双全。我喜欢结婚，喜欢生孩子，如果不是因为年纪大了，加上受政策限制，还想多生几个。不过，我很理解尊重同性恋、双性恋、无性恋、单身不婚的、婚了不生孩子的…… 到最后，我们都会在养老院会合的。

## / 我们为什么要结婚？我们真的需要结婚吗？ /

我们为什么要结婚？问出这个问题，是时代的进步。30年前中国没人会问这个问题，正常人都必须结婚。这个问题是问自己的，没有标准答案。

@古典：如果你要把自我矮化成一个装萌、撒娇、顺从的女子才嫁得出去，你为什么要嫁？一个无意义的感情不会因为有个婚姻的外壳，就变得有意义。

欧美发达国家没有“剩男剩女”，单身很正常，但他们拥有和谐快乐的两性关系。而目前中国的状况是，大部分的30岁单身人士，并非自主意愿选择不婚，而是没有找到合适的结婚对象，无可奈何被剩下。没婚姻也没恋爱和性，两性关系一片空白，30岁从没恋爱过没性经验的大有人在。

有人问：结婚一定要生小孩吗？我个人的观点是：不生孩子不必结婚，恋爱或同居很好，合则留不合则分。对两个各自经济独立的人来说，生孩子是结婚唯一的理由。

我的观察：在北上广深这样的大城市，一个28岁单身女，月入8000元，租房无车，无父母经济负担，自己可以过得蛮舒服。相反一个这样的28岁男一想到结婚成本，就有屌丝的无力感，顺便对恋爱也没了兴趣，还是在网上找快乐。

一个32岁的单身女抱怨相亲对象如何如何，我说：不用抱怨了，再过一两年相信你连相亲的机会都没有了。你自己没本事找，还抱怨什么呢？有时感慨，80后中一大批低情商的男女，如果想结婚，最好的方式恐怕就是包办婚姻，靠他们自己找没戏。可惜他们看多了韩剧、美剧，以为什么人都会有浪漫爱情。

真相总是令人不快，我以上这段话又有人被戳中，质问我：恋爱结婚跟年龄有关吗？幸福跟年龄有关吗？你这是咒我们吗？答：自己有能力找的人，恋爱结婚跟年龄无关；有魅力的人，什么年龄都能幸福。25岁靠相亲，30岁靠相亲，35岁40岁还有多少人会给你介绍？不是我咒你，这是事实，问问你亲朋好友即可。

某天一桌朋友吃饭，一个三十出头的女生说找不到对象是因为身边没男人。我说，那是因为你的眼力问题，看不到男人。她说：怎么看不到啊，比如这桌上的三个男人。被指的已婚男人说：你没有看到男人，你只看到了我们的身份张总、李总、王总，你的眼神就不是看男人的。此话犀利。但是姑娘很茫然，不明白。

女网友说：我周围的一些女性朋友，研究生毕业，也没有遇到合适的人。在最美的年华受父母家教等影响，专注于学业错过了谈恋爱的时机，工作后才发现好男人很多都结婚了，所以一直单身。她们只想找个懂得爱的经济适用男，却发现连这都很困难。我想说：因为你的女朋友们不懂得爱，只懂得读书和工作。找到自己的问题，才能找到解决问题的突破口。怪懂爱的男人太少，怪父母，怪教育，就是舍不得怪自己，还说自己“很优秀”！不要期望一个懂得爱、情商高的男人来找你，你能得到的就是跟你一样不懂爱、读书好、工作好的男人，你们一起操练一起成长。

这确实是一种典型的“怨妇”思维：（我不会谈恋爱）我要求不高啊，我只想找一个懂得爱的经济适用男。懂得爱，这才是最高的要求。不懂得爱的有房有车男比较多，你要吗？

有很多人喜欢这么说：多赚点钱可以，少赚点钱也可以，看机会啦；结婚可以，不结婚也可以，看有没有遇到合适的人啦。喜欢这么说话的人，赚不到钱，结不成婚。对达成目标无所谓，驱动力不足。

我们为什么要结婚？我们真的需要结婚吗？

- **我认为结婚不是人生必须的。**
- **如果你确定自己想结婚，就必须有企图心，积极投入地去寻找，遭遇若干次不合适的，从中总结出谁是合适的，而不是轻描淡写地说：随便啦，遇到合适的再结啦。想想吧，你为了找到好工作，花费了多大的力气，找结婚对象，难道就应该容易吗？**

## / 30岁不结婚的儿女要判刑！ /

2013年，网络视频采访一个北方口音的大爷，他大吼一声：30岁不结婚的儿女要判刑！

上海市民政局公布2012年结婚离婚情况专报，居民平均结婚年龄男性32.72岁、女性30.3岁。男性初婚年龄恰好达到30岁，女性也达到27.3岁，晚婚趋势越来越明显。无论父母逼婚、剩女、万人相亲被炒作得多么严重，上海人结婚越来越晚是不争的事实，30岁以后才结婚是挡不住的趋势。

不单是上海，全国各地的平均结婚年龄每一年都在延后。为什么结婚越来越晚？道理很简单，一个国家或地区的经济水平越发达，个人的能力越强，生活方式越多元化，结婚的必要性就会越低。如今研究生毕业就25岁了，在职场站住脚怎么也要到近30岁；再加上房价居高不下，结婚成本高，晚婚也就顺理成章了。

情况专报还表明，80后跟70后比，结婚时从父母那里得到的经济资助多，但是夫妻双方相处的能力差，离婚率飙升，呈现“三年之痒”的趋势，出轨严重，跟前几代人比，夫妻磨合缺乏耐心。

我们为什么要结婚？值得好好想一想。有网友说，不想结婚说明现在人自私，不肯付出，不包容。哈哈，你这是把结婚上升到美德了，敢情结婚原来是为了吃苦做公益。你父母、你爷爷的时代，人人结婚，难道是因为他们不自私，更愿意付出吗？人都是趋利避害的，只能说明以前结婚带来的好处大，现在个人的能力强，结婚带来的好处就小了！

父母50后那代人，指望婚姻带来的是福利分房，合法性生活，微薄的工资凑在一起比一个人过得好一点，生孩子。80后除了生孩子，其他都不用依靠婚姻解决，背负着巨大的结婚成本和养孩子成本，反而不如单身时潇洒。现代人对婚姻的要求是文化认同、心理支持和性。符合这样要求的伴侣当然少啊。

@晚睡姐姐：还有一个原因，很多年轻人畏惧结婚是因为畏惧经营复杂的人际关系，尤其是独生子女，生活在相对比较单纯的环境中，父母都围着自己转，加上缺少这方面的教育，先天在人际关系上就是“短腿”，很难适应婚姻所具有的社会性、群体性等属性。

@一只2猫：最经常听到的劝人结婚的理由是“得找个人陪你”——这分明是赤裸裸的利己啊。如果真的可以这样利己倒好了，可恶的是那个负责陪你的人，同时还负责气你。有时你都搞不懂是找个人来陪自己的，还是找了个祖宗！

2011年英国《经济学人》杂志推出专题报道《亚洲女性不愿意结婚》。亚洲发达国家和地区的高学历职业女性越来越多选择单身，传统的日本女性如今也很不传统。中国大城市的所谓“剩女”现象应验了这一趋势：婚姻的必要性在下降，女人有钱了，经济地位提高了，不需要通过婚姻也能过上好日子，婚姻对女人的好处在下降。

我预测中国80后这代到了40岁依然单身（包括离婚后单身）的比例，在大城市会有20%以上，女性居多。整体呈现出的状态是靠自己找对象困难，离婚率特高，对很多80后来说，单身才是最好的生活方式，伴有或长或短的恋爱关系。单身也许孤独，但是相比结婚的物质压力和磨合的艰难，那是小巫见大巫。

有些学者说要捣毁婚姻制度。

- **你捣毁不了。**
- **你不想结可以不结，别人想结你管不着，法律没有规定人人必婚，同性恋还积极争取结婚的权利呢。**
- **如今的“剩女”现象和高离婚率，恰好说明越来越多的人认为结婚没必要。**
- **爱情、性和婚姻是三样东西，有时重叠但各自独立存在。**

## / 恋爱还需要培训？骗人的吧？ /

2011年3月，我和上海SALSA舞教父BOB刘忠创办了恋爱训练营。一开始，怀疑质问声不断：恋爱还需要培训？骗人的吧？你们是在教一些技巧吧，玩心计的，哪里有真爱？

恋爱训练营三个月私教课程到底教些什么特别的恋爱技巧？告诉你你得吓一跳：常识，比如男生怎样发微信约女生。这个还要教？对，我们是个严重缺乏常识的国家，那么多大男大女工作不错，情场上常识为零，连这个都要教。

我在沪江网开设《恋爱训练营》视频课程，有人问"签约保过关"吗（所有应试教育机构的广告语）？我问：你接受我给你包办婚姻吗？接受的话，我就给你签约。习惯了终日看字幕的宅男女，视频讲课我站在那里口说还不行，非要写成PPT，否则就不是学习，就学不到东西！为什么他们不会谈恋爱，也就明白了。

前几年有一则高考新闻：一男生看英语书背单词，妈妈帮他洗脚，说是不能浪费一分钟，100%衣来伸手饭来张口，父母说：只要考高分，其他你都不用管（不用懂），不许唱歌，不许看电视，不许跟同学玩。可怜啊，生生给弄成四体不勤五谷不分，没有感觉，不能跟人正常交往，不会恋爱的机器人。

创办恋爱训练营三年，我的深刻感受是：我们的教育毁人啊！从小习惯了老师给中心思想，考试前圈范围，追求唯一标准答案，到大学父母还不让恋爱，听话的乖孩子28岁、30岁不会恋爱，没有男女交往的基本常识，又被逼婚，真是可怜，生生要被逼出精神病来！所以，我的讲座免费让年轻人带父母来听，让他们也受受教育。

三年来我和BOB最大的感触是：连这个都要教？！不断降低我们的底线，因材施教。上周日在交友PARTY（派对）自由交谈的环节，有个女生一脸焦虑地跑来问我：我跟男生谈五句话就没话说了，怎么办啊？我说了几句她走了，一会儿又来了，问现在该谈什么呀？

也有男学员经常来问：跟女生第一次约会谈什么呀？“你随便谈什么”的回答是不行的，要给他一一列举出来。然后，第二次谈什么呀？第一句谈什么？如果她这么说，我该怎么答……这样吧，我替你去约会吧！发问的男生被哥们儿称为高富帅，从英国留学回来的，为什么没有女朋友，也就可想而知了。

问：对一个很久没有联系的男孩有好感，是不是先要在微信上寒暄几句再约出来？ 邀约的时候是不是得想个由头？ 还是直接说一起吃饭？ 或者先聊几句看看男孩反应，让他来邀约？ 这是恋爱训练营的女学员问我的问题。原本这样的问题应该是18岁、20岁的女生问的，可是发问的是28岁、30岁、33岁的女人。

什么年龄做什么事，20岁给男生发个微信，他应不应都没关系，张三不应李四应。30岁才第一次尝试，顾虑重重。万事都有第一次，哪怕你已经30岁了。既然你花了钱来恋爱训练营补课，just do it（立刻去做）！我站在你身边，我口述，你写，我看着你发，陪你等他的回复。恋爱训练营三个月的私教课程就私到这程度，每天我和BOB都通过微信群，手把手地教，在现场活动中观察学员的状态，提出他/她如何改变的意见，监督他/她的改变。有个学员开玩笑说：你比亲娘还亲！

## / 谈恋爱也是一种能力 /

2011年3月26日，恋爱训练营第一次课程。

女学员A，31岁，谈过一次恋爱，无性经验，本科学历，企业白领：

一句话概括，昨天受到了冲击！

昨天第一部分，三句话介绍自己，不可以有数字，而且是当作在一个相亲会上介绍自己。结果一圈人介绍完，几乎没有人会“卖”自己。吴迪让每个人思考到底自己都有些什么样的特点，自己的好有哪些，尤其对男人来说好的特点有些什么。很多特点的介绍，几乎是在讲述平时做的事情，并非个人特点！

我的介绍是，我的最大特点是适应性强，既可以做工作狂，也可以做家庭主妇。

吴迪问，做过家庭主妇吗？

我答，朋友和我自己都认为我有做家庭主妇的潜质，爱干家务活，爱做饭，爱和孩子在一起。

对我很有触动的是吴迪的说明：

- **对找老公的内心驱动力非常弱**
- **都说两个人要有感觉，实际上感觉是一种能力，比如是否会捕捉到感觉，是否会把自己的感觉传递出去**
- **谈恋爱也是一种能力**
- **由于处于非常紧张的状态，就要求一枪命中目标，导致在第一时间删去了有可能是对的人（就是我的状态！）**
- **容忍是婚姻中最关键的能力，而往往我们缺乏这种能力**
- **我们对情感的期望值非常高（也是我！）**
- **可以维持婚姻的东西是两个人的天性，天性就是每个人的特点，是无法伪装的东西（极度认同！）**
- **工作狂和随和是对立的，工作狂不可能不挑剔**

第二部分，情感请心卡，每人抽一张图卡和一张字卡。将图卡放在字卡的框中。如果两张卡加起来表示下一段恋情，每个人都解读出什么？

我抽到的图卡是：黑板前一位老师，讲台下一群学生；字卡是："开始"两个字。

我的解读：字卡让我联想到，在上一段恋爱正式结束后到今天，没有真正意义上开始过新感情，我一直存在一枪就否决一个人的想法和做法，总认为要和对的人才能开始。而实际上没有开始，就谈不上真正了解一个人，没有经历更多的感情经历，无法更多更清楚地知道我需要什么样的伴侣。所以，"开始"二字对我来说非常重要，一定是先开始，再看后面的发展。而不是怕不对，就根本不开始！

图卡让我联想到，我个性上很大的特点是优柔寡断，很需要一个决断力比我强的人，加上我一直希望自己的伴侣是见多识广型的，两个人可以不断有新东西可以讨论，所以看起来伴侣就有点扮演老师的意味，给我一些指导，能耐心地和我分享生活。

第三部分，讲解剩女是怎样产生的及如何发现男人。

其中，吴迪有一些有意思的说明：

- **发现男人最需要善于发现男人的眼力，在工作中和人打交道的环节，在生活中和人打交道的环节，都有机会，当建立好这个随时发现的动机，就进入了时刻准备着的状态**
- **现在微博力量很大，可以在微博上标明单身，微博只要是自己写的，就很难伪装一些特性，所以微博是不错的吸引对自己有兴趣的人的场所**
- **打破陈规旧习，可以问问自己经常去的25个地方有哪些，常做的10件事情有哪些，常在身边的10~20个人有哪些**
- **改变日常生活轨迹，创造偶然相遇，比如等飞机、吃午餐、健身……**
- **怎么让他注意到我，怎么破冰**
- **寻找6个朋友做自己的红娘，要真的喜欢我的、积极乐观的、坦率的、已婚的、乐于助人的，告知红娘要找个什么样的男人**

我提出仍然抱有婚后才能开始真正性行为的观念。吴迪纠正，性和谐也是非常重要的部分，不尝试性是否和谐就结婚是很危险的事情。这点对我来说是对价值观的一个大冲击。我理解性和谐的重要性，但需要过程来转换对性行为的意义的认识。吴迪强调，不要认为有了性行为，就是对婚姻的一种保障。

晚上BOB带我们去SALSA PARTY，以下是我对SALSA的亲身感受：

首先是服装的准备。舞会上灯光较暗，必须穿带有明亮装饰的衣服或适当露出身体一些部位的衣服，且便于跳舞。

其次是心态的调整。应当选择容易被人看到的位置，可以在音乐响起来时站起来，显示出愿意被邀请的状态。

接着是跳舞时的心态。我的问题是一心关注于舞步如何操作，甚至为自己舞步的不熟感到羞愧，完全没有正视舞伴，且用心去感受舞伴的引领。BOB在与我跳完一曲后，评价我是当晚几个女孩中最顽固的。吴迪的评价是我与舞伴之间的距离太大（还可以插进一个人），没有给舞伴积极的配合，没有与舞伴形成积极良性的互动。

观察其他舞者的一些想法：

舞者们几乎每一曲都会更换舞伴，在与不同舞伴的配合中，很多女性舞者会一直保持微笑，并对舞伴做出一些即兴发挥的配合动作，让两人的配合看起来非常默契、舒服。

撰写140字征婚广告，描述自己的特点，告诉对方自己需要什么样的男人，不许出现数字。

我的表面特征：看起来比较干练；实际情况：内心比较孩子气，渴望有人疼爱；长处：诚实，对事责任心强，对人真诚，亲和力强，乐意照顾人，善于为人着想，能迁就人，有一定忍耐力；非常重视情感关系，喜欢孩子。

欲寻觅：乐于沟通，重视情感，有一定包容性，责任心强的男士。

（想表达的是不那么内向，不难以沟通，重视伴侣和家人的情感，脾气较好，包容性较强，责任心强的男士一般事业不会太差。）

吴迪和BOB的感受：

**吴迪：**

来的学员都有恋爱结婚的愿望，但是不知道该怎么做。我让大家用三句话做自我介绍，假想面对男人的时候怎么推销自己。如我所料，很多女生说不出自己有什么好有什么特点。更多人习惯于等待对的人出现，其实对的人是需要你去找的。

我问大家，找男人是你的头等大事吗？你愿意为此付出时间精力和金钱吗？25个人只有5个人举手。所以，她们嘴上说很急，其实心里并不那么急。或者喜欢用“缘分”来解释。我问什么是缘分，她们说是上天安排好的。我说上天太忙了，没空替你安排。

很多女学员都说自己社交圈子小，碰不上单身男人，但是她们没有意识到社交圈不是天上掉下来的，需要你自己投入时间精力甚至金钱去建设。她们的问题是嘴上说要，但是缺乏行动力。

晚上10点开始现场演练，女学员们轮番被BOB带下舞池，我观察她们的表现，指出问题所在。在PARTY场合，你的位置很重要，要站在容易被人看到的位置。BOB说跟卖房子一样，位置很重要。

一位看上去很矜持的女学员通过大半天的学习，晚上在SALSA PARTY上跑过来对我说，“我不想再当壁花了，我可以去请男人跳舞吗”，我说可以呀。没想到她刚站起来一会儿，就被男人发现，把她请去跳舞了。跳完回来她很开心，我们热烈鼓掌。女人的主动有时就是你要站在男人看得见的地方。

昨天一个女学员说收获太大了，老师很厉害，醍醐灌顶，让她看到了自己的问题。我说不是我厉害，是你准备好了改变，你在寻找改变的方法，所以你找到了我和BOB。我们只对需要的人有用，对还停留在找借口的单身人士来说，是没有用的。

**BOB：**

有很多人认为自己没碰到对的人只是运气不好，从不反省自己的想法做法是否有问题。如果昨天来参加活动的朋友，觉得我们说的有一句是对你有启发的，我就心满意足了。好多朋友，人虽然来了，但心真的没来。看得出你还是想来碰运气、找缘分的，吴迪已经说过，所谓缘分，是靠不住的。

是啊，我让大家介绍自己有什么特点的时候，很多人摇头说不知道。你想找对的人，可是你连自己是什么人都不了解，那怎么对呢？识别别人是第二重要的，认识自己才是最重要的，对自己都不了解的人，做什么选择和决定都会有问题！

再好的圈子也有烂人，关键是你的眼力，很多女生都会说要找对的人，那么谁是对的人呢？他的脑门上不会贴“对的人”三个字，有时看上去的好男人事实上并不好，需要你的鉴别力。没有什么好的圈子和坏的圈子之分，只是你自己眼力不够而已，怪别人最容易也最没用，你的生活是你自己的。

要么是你混的圈子太烂，要么是你说的什么什么都是偏见。偏见是人类的天性，我们终生都在跟偏见做斗争。找借口不行动的女人是这样的：她说没社交圈，你带她去了，她说爱玩的男人都是打野食的；你挑几个正经男人给她认识，她说不是我的菜。她的态度是everything is impossible（万事都不可能）。

所有看上去自然发生的事，多数是有前因的。如果你能敏锐地注意到这些前因，就有可能影响和改变后果。比如，你要让别人知道你在等他，就不能宅在家里上网聊天。

**性心理咨询师马丽：**

昨天参与吴迪和BOB的恋爱训练营，听BOB的一句话，回味到现在。BOB对老外说：你们外国人太随便，一见面就上床。老外回："你们中国人才太随便，一上床就结婚。"我的理解：因为上了床，就得结婚，给性背负了太多额外的关于婚姻和家庭的负担，也是对婚姻的草率和不负责任。

昨晚在老码头1号会所SALSA PARTY实战演练，我有两个发现：1.最有魅力的女人不是长相最漂亮的，而是身体最放松的，对男人的引领反应最灵敏的，脸上笑容最多的；2.那些舞动的男女很兴奋，如果仅仅是坐着旁观，而不是主动投入，你会很无聊。

观察下来，只要女人放松、投入、自在，哪怕穿宽松绒线衫跳舞，一样让男人也跟着自在放松和有所反应。身体僵硬、拘谨、紧绷的女人，哪怕你穿得再性感妖娆，一样让男人和你保持礼貌社交距离。

在讲"如何施展你的性魅力"部分，请学员们每人说说自己最有性魅力的身体部位，或者穿什么衣服时，在什么场合，做什么事情时最容易激发异性的性欲望，大部分人顿时一筹莫展说不知道，或者羞羞答答不好意思。所以，施展性魅力的第一步是找到你的魅力点，并自信大方地表达，突出优势强化呈现。魅力点来自自己的发现，也有来自同性、异性朋友的反馈。如果他们不曾反馈过，那么邀请、要求她们/他们给个反馈。

谈到“性话题”，我认为：两性从一般交往到亲密关系，不管是恋人还是一夜情，不管是在酒吧派对还是网络上，通常要经历“谈论性话题”这一过渡阶段。以下是我给昨天在场女生的建议：这是性暗示、性试探的信号，如果你没有兴趣，一定不要接这类话题。即使是不拒绝，也会被男人当作默许。身体轻微地推或凑，都有很强的杠杆作用。

我们在恋爱训练营中尝试用演绎的形式直接呈现给学员们看，如何用眼神、语言、小动作对异性发起主动又不失面子的进攻。吴迪的跳舞版本、我的性爱版本、BOB的派对版本，精彩纷呈，大家看得很起劲。不同类型的女学员上台轮流接受BOB扮演的男伴模拟“黄段子信息”性暗示，每个人反应真是大不相同啊。有人本能地身体向后退，有人矜持地身体微微向前靠，有人热情地主动抓过来看，不同的性格和心态带出不同的反应，不同的反应又影响着男人的不同感受和下一步行为。身体语言最真实。语言表达有时并不准确或者通畅，巧妙地运用身体语言，在两性关系中多有事半功倍的效果。

时间过得很快，一晃三年过去了，三年间恋爱训练营就像苹果手机一样不断升级。2013年学员在微信群上每天跟吴迪和BOB交流，会员免费终身听讲座。2014年新增了单身PARTY，《马上变靓》时尚课堂，恋爱训练营成了单身男女的社交和学习两性之道的平台。

男学员B，32岁，无恋爱经验，国企白领：

三个月的训练营马上就要过去了，这段时间很充实很忙碌，也学到不少东西，在此表示感谢。也想和两位说说最近的一些感受，麻烦给我做个点评，再提些建议。

昨天讲座时，两位提出的一个问题是：你最近交往的女人你准备派什么用处。这个问题让我印象深刻。是啊，参加了训练营，认识了这么多女人，我准备派什么用处呢？如果说用单独出去约会的次数作为评判，三个月里我单独约出去或者主动约我出去的有九个，只有一个有约到第二次。我不知道是该说这些人就当朋友呢，还是由于我自己的问题，见了新人就觉得新人好，总之我现在已经想好这些姑娘派什么用处了。今年的任务是，通过跳舞，通过这两个姑娘，实践一下如何了解女人的想法，实践如何用身体去恋爱。我觉得自己的身体确实有点僵硬，不止一个姑娘在跳舞时告诉我，你好紧张啊。近距离接触一个不熟悉的姑娘，自己的舞步还不熟练，确实紧张。最近天热，有时无意间碰到女性的胸部，也会紧张，需要好好通过跳舞训练一下，不要让自己的身体习惯性地紧张。今年的终极目标是，做爱一次。目前的困扰是，想做的对象我还没搞定，她已经要拒绝我了。所以我要再接触其他人，还要加上让身体动起来的活动，气氛有了，说不定我的目标就能实现了。

还有一个，就是关于屌丝男自卑感的问题。我记得，这个问题，在刚到训练营的时候问过吴迪老师，被狠狠地批了回来。通过这三个月的训练，我再来说说自己的感受。前面说到，这三个月约出来的九个女生里面，只有一个约了两次，其实她的家庭条件、收入啥的都比我好，恋爱经验也比我足，所以跟她第一次约会之后，她就说我不是她想找的类型。但我听BOB老师说过一句话，做备胎也是有意义的，所以我没放弃，坚持了下来。虽然这女生后来也主动约我出来，但她坦率地告诉我，我和她不可能，她喜欢的不是我这样的。我就和她讲，那我们就交个朋友吧。我们确实不合适，但我想从她身上多学点东西，积累点恋爱经验，甚至吻她一下就够了。就像两位讲的，以后我也可以尝试着同时接触两三个，比较看看有没有更合适的。如果确实希望和比我硬件条件好的女生相爱并结婚，那就从现在起锻炼自己爱的能力，把握主动，把事情处理好。

以上这些，是我上个星期的感触。当然，恋爱训练营让我懂得的远不止这些，请两位给我点建议。

（几个月后，他在朋友的婚礼上对伴娘一见钟情，主动示好，目前在恋爱中。）

# 人生何处不相逢

找不到对象最容易的自我安慰方法是什么？指责抹黑异性。男人说女人都拜金，女人说男人都肤浅只爱年轻美貌。

## / 工作上你懂得未雨绸缪，懂得投资，恋爱上你不懂 /

上周日恋爱训练营讲座，一女生说：我25岁，从来没恋爱过，觉得一个人挺好的。可是我以后也要恋爱结婚，看到那么多剩女，觉得很有危机感，所以觉得现在有必要来学习怎么谈恋爱。我说：恭喜你25岁就有这个意识了，有很多来我们这里的人，到30岁都没恋爱过，直到想结婚，才发现根本连恋爱都不会。

你确定想结婚吗？你确定想恋爱吗？你知道恋爱和结婚是两码事吗？我的观点是：结婚的必要性如今已经大幅下降，结婚不是每个人必须的，实际上幸福婚姻只占很小的比例，绝大多数只是混着过日子，离婚率飙升。不结婚，你还要恋爱吗？想恋爱，早在18岁就应该学习了。当然，现在开始也不晚。

一个女生26岁从未恋爱过，她说计划30岁结婚，32岁生孩子。她现在的工作超级忙，而且未来三年每一年都要被派到不同的外地去完成项目。我说，这样的工作节奏非常不利于恋爱结婚，不要以为找结婚对象很容易，到了30岁自然就会蹦出一个。职业需要规划，恋爱结婚一样需要规划。

恋爱训练营有很多30岁、32岁从未恋爱过的女学员，她们后悔地说：如果我24岁的时候知道恋爱也需要学习，情场跟职场一样需要历练，就不会剩到现在了！26岁你还没初恋过，职业严重阻碍恋爱，一晃到30岁你就抓瞎了。不要期望29岁初恋，一枪命中孩子他爸，即使结婚，双方都是初恋的离婚率很高。

有人说：我就是29岁前从来没恋爱过，29岁相亲结婚了。结婚不是终点，结婚不是奖杯，你不是优秀运动员。两性之间的诸多问题，你在婚前没有体会过的，会在婚后一一体验，谁都跑不了。

情场和职场，两手都要抓，两手都要硬。情场和职场的历练、学习和准备，从大学一年级开始。如果你18岁开始初恋，经历了几次恋爱，在情场里摸爬滚打若干年，善于总结经验教训，认清自己，认清他人，到了28岁、30岁，才能找到一个适合自己的人结婚。有些人恋爱甚至离婚多次，永远不从自己身上找问题，永远都是"运气不好，瞎了眼"，那么他/她的眼永远亮不了，像《盲探》中刘德华所说：眼明心盲。

@飞云雁：最近准备考试，虽然我知道不能只顾学习，但真的精力有限，顾得上一头顾不了另一头，就像老师说的，谈恋爱也要全心全意，我想解决完一样再解决另一样，到时一定请教老师，好好学习。

答：你正好理解错了！你大学的时候是否只顾好好读书，怕恋爱影响学习？恋爱并不需要单独辟出一块时间。

女生说：我没空来恋爱训练营，在忙专业考试，准备考完之后，明年换一个好一点的工作，现在公司效益很差。我的恋爱情商不够，虽然有时知道要装傻，可装得很难受。总之经验太少遇人太少，知道自己想要什么样的，就是不知道怎么去找怎么应付，搞得很累。

答：工作上你懂得未雨绸缪，懂得投资，恋爱上你不懂。你的问题不是不会装傻，是真傻，需要学聪明点（真话不好听）。读书考试工作都不会耽误谈恋爱，正因为有那么多事要应对，你才会产生人际交往，一心可以两用。经验少的人不要说“知道自己想要什么样的”，你想要的男人大多是幻想，不是真实存在。

## / 你的恋爱对象和结婚对象有不同吗？ /

我在新浪微博“@麻辣情医吴迪”问大家一个问题：如果不求婚姻，也不要孩子，你的恋爱对象跟你现在想找的结婚对象，有什么不同？什么条件要加，什么条件可减？

**对这个问题本身有异议（占3%）：**

@甲情甲意：那样的话还需要谈恋爱吗？

@TT历险记：看到楼上有人写“那样的话还需要谈恋爱吗？”呵呵，这真的是代表了很多中国人的观点。似乎离开了婚姻就无法拥有一段美好的感情，如果一切以婚姻为基础的话，那从一开始挑选的时候就潜意识地全都是物质性的选择，根本无法留空间给“是否趣味相投”“是否价值观一致”等触碰心灵的内容。

@维情网舒心：这个问题不正常，这个问题不简单；不正常是因恋爱观和常人不一样，不简单是有乱搞男女关系之嫌。

**回答说没有区别的（占27%）：**

@畅小异：没什么大不同，只是这个假设让安全感低到尘埃里。

@BMW少爷地盘：恋爱，两个人是玩伴；婚姻，是恋爱的升级版，两个人是老来伴！不该有欲加减之条件！恋爱是心情，婚姻是责任！

**回答说有区别的（占70%）：**

@马小西MSJ：Just have fun，can date forever，learn more thing，go to see the world，love without the other thing makes life much more simple.

@Summe-Summer：我觉得不一样，找个不结婚的，这个人可能更会是个知己一样的人，知根知底，相处自然，心灵契合，人品是最重要的；结婚则不同，物质、对方家庭、人品、周围人际关系都很重要。

谢谢大家的发言！其实没有标准答案，就是帮助你关照自己的内心。如果对你有触动，我的目的就达到了。看到两个神答复：1.（如果不结婚生子）那还要恋爱干吗？2. 你的意思是做小三吗？

婚姻是一种人为的制度，是经济制度，诞生之初与爱情无关，是为了保护私有财产而设，私有财产包括女人、孩子。从统治者角度考虑，一夫一妻制是为了保证一个社会所有的男人（不论贫富）都尽可能拥有一个女人，以保证社会安定；否则富有的男人就占据太多的女人资源，使得相对贫穷的男人无女人可要。冲破包办婚姻，把爱情放在婚姻中最重要的位置，这样的观念在中国最早伴随着新文化运动开始产生，至今也就不到一百年，被写进《婚姻法》才几十年。

娶妻娶德，娶妾娶色。中国古代男人在婚姻中不谈恋爱，很多男人是跟妓女学习恋爱的，所以才会有色艺双绝的秦淮名妓的佳话，才会有流传至今的文人名士跟名妓的爱情故事。

“个人主义”这个词，在30年前的中国还是贬义词，是批判用语。个人主义盛行才会崇尚爱情，才会把爱情放到婚姻中的首要位置。集体主义的婚配是要让“大家”满意，面子比夫妻感情更重要。

在中国的20世纪七八十年代，单身只有两种可能：1.精神病；2.坐过牢。结婚是所有正常人都必须做的事情，不结婚就是不正常。结婚后夫妻不和不是最大的不幸，跟别人不一样（到年龄不结婚）才是最大的不幸。结婚是为了给别人看的，不是为了自己的幸福，爱情在婚姻里不是最重要的因素。可怜天下父母心。可怜的不是心，而是两代人天差地别的观念。观念不同行为不同。

50后是新中国成立后被各种政治运动祸害最深的一代，他们中的大部分人，一生唯一的寄托和希望就是家中的80后独生子女，子女的婚姻是他们人生重要的内容，所以才会严加管控。子女就是他们的全部，因此他们的很多疯狂行为也可以理解。

20世纪七八十年代，全中国人都穷，那时结婚的主要目的是求生存，不是谈恋爱；婚姻第一要素是物质条件，不是爱情。大部分人结婚前没有恋爱过，也不需要恋爱，条件谈妥了，互相看着还不讨厌就可以结婚了。婚后即使感情不和，打死也不离婚。因为离婚几乎跟“犯罪”没有什么两样。20世纪70年代末的遇罗锦离婚案，是中国《婚姻法》的巨大突破和进步，“感情不和”第一次被接受为离婚的理由，中国人可以自由离婚，不用组织批准，这样的人权来之不易。

巴金当年反对包办婚姻离家出走才有了《激流三部曲》，婚姻是一个时代一个文化的缩影，那是巴金跟家族的鸿沟，跟今天50后父母和80后子女的鸿沟一样深，一样无从调和。年轻人想要争自己的幸福，就要跟旧思想决裂，走自己的路。

## / 魔镜，魔镜告诉我：谁是合适的人？ /

恋爱训练营的很多男女，喜欢把我和共同创办人BOB当魔镜，约了对方一次就跑来问：你觉得他/她跟我合适吗？我还要再约吗？我说：鬼知道你们合适不合适，自己去花时间交往，感觉到不合适随时叫停，约了一次就想知道答案，你该有多着急，这也就是你为什么恋爱困难的原因。

谁是合适的人？那要经历几次不合适以后，才能知道。对自己有充分的认识，对异性也有了一定的认识，才能知道。

很多男女说：那么麻烦啊，我哪里有那么多时间啊，我有好多事要做。我笑说：好吧，先忙你的那些事去吧，不忙认识异性谈恋爱，退休了再来。很多男女会说：如果我花了半年时间交往，发现不合适，那不是浪费时间吗？我笑说：你活着不也是浪费时间吗？你对社会也没啥贡献尽消耗资源。

看了一些征婚启事，发现有一个奇怪的讲法：诚心恋爱结婚的后面都要加个括号，内容是（3~6个月结婚）。好像只要是诚心的，认识一个人就不需要遵循客观规律，就可以快马加鞭了。听到在星巴克相亲的笑话，第一次见面，女对男说："你诚心谈吗？如果是诚心的就好好谈，我们什么时候结婚？"俨然是谈买卖的口气。

不久前的一次相亲大会，现场有一张征婚启事是这么写的：1979年，有房有车，诚征1980年至1987年相同条件女孩，诚意想结婚，3~6个月谈恋爱结婚。"相同条件"下面加了线，这就是全部内容。有血有肉个性迥异的人，在这个场合被简化成了最简单的两个元素：年龄+房车。再加上那个充满压力急吼吼的时间：3~6个月恋爱结婚！这样心态的男女在一起，能碰撞出什么呢？

现场有男生问：恋爱训练营能在5分钟内教会我怎么恋爱吗？空气中弥漫着一种焦虑的味道，好像世界末日就要来临，大家急购登上挪亚方舟的船票。3~6个月恋爱结婚，一切都可以按照数学公式进行。西谚说：你必须跟他/她相处至少一个春夏秋冬（1年）才能结婚，因为疯子春天才发疯！

今天听到一条新闻，上海黄浦法院分析700件80后离婚案，婚前了解太少（闪婚）感情基础弱父母干涉是离婚首要原因。不了解到什么程度？对方有生育史不知道，对方智力有问题不知道。生育过不做妇科检查确实可以隐瞒，智力有问题也不知道——看来另一方智力也不咋样。

有对闹离婚的找我咨询，两个月闪婚的。结婚一年多，孩子几个月。听了妻子叙述他们吵架的原因1，我问：这个婚前不了解吗？她答：不了解，两个月来不及了解。吵架原因2，我问：这个婚前不了解吗？答：两个月来不及了解。吵架原因3，我问：这个婚前……我不问了，肯定也是来不及了解。

很多找对象困难的单身男女说投入时间工作必有产出，可是投入恋爱……我问：你想建立家庭吗？工作和家庭的重要程度一样吗？他们都说：想。一样。我问：那么想想你从大学到现在为工作投入了多少时间，为恋爱又投入了多少？太多人以为恋爱找到结婚对象不需要过程，是缘妙不可言。

太多人没有意识到恋爱也是需要学习的，被拒绝、失恋、被劈腿等都是学习内容，太多人弱不禁风夸大挫折只会用“伤害”；太多人忘记了职场上也有很多挫折“伤害”。前些年我还在外企工作的时候，被台湾女上司折磨得内分泌失调以为更年期提前来到，恋爱从来没有过这种“伤害”。恋爱，是需要学习的，是你内心成长的良机。

## / 少扯淡，想要男人就说要！ /

恋爱训练营倡导拓宽社交圈，学习交朋友的能力，从中找到有感觉的人。有个女生说：我工作很忙，晚上要读华尔街英语，周末一天赚外快，一天要陪父母，要跟闺密吃饭，要去婚介所见相亲对象（婚介所一年费用一万），没时间去社交。没时间社交，就要给婚介所交钱呗。

一恋爱训练营学员听了我和BOB的话，参加社交活动，去了两次不去了，抱怨说：没用。BOB说：如果你去打鱼，去了两次没打到鱼，是不是也说没用不去了？你自己说相亲目的性太强没感觉，推荐你去目的性不强的社交活动，你又说没用。套用台剧的话：你想怎样？

有女生说听了我的话参加了很多活动，可是没用。我问：你去听道讲坛那个活动没有对号入座，你可有故意坐在男人旁边？你去笑道文化看美式脱口秀，可有跟身边一起欢笑的男人攀谈？你去Toastmaster（英语演讲俱乐部）学英语演讲，可有跟那里的男生交往？你都没有，而是专心学习去了，当然没用。有用没用，全看你自己有没有感觉，有没有那根筋。没有贼心，把你扔在男人堆里也没用。

笑道文化讲美式脱口秀的笑匠“@万彼得”来恋爱训练营掺和，他说最吸引他的女性特质是——爱笑！所以，他就找了个超爱笑的老婆，因此成了笑匠。他跟老婆是在toastmaster认识的，他们都是上进有追求的好青年。谁是对的人？就是一个异性版的你啊！什么叫三观一致志同道合，不就是喜欢同样的东西，出现在同样的活动场合吗？

朋友推荐我看日剧《深夜食堂》，家庭小居酒屋，老板就是厨师，最多坐十几个客人，深夜12点到早上7点营业，吃客是各色深夜游荡在城市中的男女，故事简单短小感人。有一集“茶泡饭三姐妹”，三个单身闺密，每天晚上一起来吃茶泡饭，而且点的口味从来固定不变。她们是很有代表性的恨嫁女，一心追求电影里的纯爱，唾弃相亲同居。其中一人去相亲，另一女骂她背叛。一个人孤独就要拉着几个人一起孤独，以证明自己的正确。

偶像剧害人啊，害完日本妹纸害中国妹纸，平平常常的小职员，一心追求电影电视里的爱情，不爱同在深夜食堂坐着的真实的男人，只爱想象中的“好男人”。有趣的是，编剧设置了她们对面的一对情侣，女的其实是变性人！两人因为爱吃纳豆而好上，瞧人家那热乎劲，唉，真女人比不上假女人。中国剩女中也有这样的，骂我办恋爱训练营是歧视大龄单女。我说：少扯淡，想要男人就说要！

恋爱训练营倡导“谈恋爱从一起玩开始”，讨厌相亲，就要有结识陌生人一起玩的本事。一个三十出头的女学员说：我同意玩到一起更利于找到另一半。但对于20多岁的恋爱训练营朋友的吃喝玩乐方式，我似乎总不能投入其中。难道是我的心衰老了？我有点找不到自己的归属感。工作占据了不少时间，没有什么爱好，顶多和很亲密的朋友吃饭喝酒。对琴棋书画音乐舞蹈之类都是肤浅地认知和尝试，总没耐心钻研。

这确实是一个典型问题，是很多单身女的苦恼。可是一起玩真的需要钻研琴棋书画音乐舞蹈吗？恋爱训练营有个女学员是找饭搭子找到男朋友的，她发了条征饭搭子的微博，特别注明只要男人，原来她估计总要见好几个人才能找到饭搭子，总要有好几个饭搭子才能找到一个男朋友，或者找不到。没想到，第一个来应征的男生就成了饭搭子，吃了四次饭就成了男朋友。

恋爱需要单独划出一块时间进行吗？对于情商高的人来说，工作中可以找对象，读华尔街英语可以找对象，周末赚外快可以找对象，参加闺密婚礼可以找对象，坐地铁飞机可以找对象……而你，情商低，没有那个“贼心”，所以才会觉得忙不过来。恋爱训练营，就是教你一心两用的！

在哪里可以遇到我合适的人？以你自己为圆心，半径100米画个圆。这个圆可以覆盖到的地方，就是他/她可能出现的地方。你这个圆移动的区域越大，你的生活内容越丰富，你就越不需要相亲，他/她会出现在你的视野中。回家去反省一下自己那个圆吧。

人生何处不相逢，只要你是个有心人。听说上海也有“深夜食堂”了，你在那里除了低头吃，还会抬头张望一下其他食客吗？会跟男食客攀谈吗？当然最好一个人去，别跟“茶泡饭三姐妹”似的，像三人连体婴，男人上来攀谈的压力很大的。

## / 随手解拍单身男女 /

看了很多征友广告，除了年龄单位不同以外，对自己的描述千篇一律，陈词滥调，女生爱写：

- **喜欢旅游音乐看书，热爱生活，喜欢一切美好的事物；**
- **喜欢追剧，爱美食，吃货；**
- **圈子比较窄，身边男生少；**
- **性格活泼（或内向），善良；**
- **中国传统女性；**
- **出身小康家庭；**
- **本科以上（也有海归）。**

对男生的要求也如出一辙，但又空洞无物：

- **有责任心，上进心。**
- **有稳定工作，收入比我高。**
- **阳光，孝顺，脾气好，体贴，小幽默。**

- **身高1.75米以上**
- **本科或以上**
- **有婚房（偶见愿意共同还贷）**
- **以结婚为目的**

男生对自己的描述：

- **身高体重，地域籍贯**
- **工作内容，称自己事业心强**
- **喜欢旅游、看书（偶见运动）**
- **强调婚房已备**
- **我很宅**

男生对女生的要求：

- **男生着重女生的容貌，喜欢的也都是一个人：皮肤白，长发，大眼睛，貌似仿造日本动漫写出来的。长发这个要求最费解，难道他们不知道头发是可以剪短留长的吗?**
- **男女都爱写：以结婚为目的，三观一致，能携手走完人生。非诚勿扰。**

这样的征友广告，连找工作的简历都不如，貌似是一个人写的，想要的也是同一个人。如今人人都是大学生+小白领，怎么写才能清楚地传达“我是谁”“我要谁”？

先来谈一下写征友广告的目的是什么？是一枪命中找到结婚对象吗？友缘8分钟的“随手解拍单身男女”，一个女生抱怨说：我在征友广告里已经写明了要一米七八以上的男生，可还是有一些一米七五的来问可以吗？更离谱的是还有一米七〇的，不认识数字吗？如果那个一米七〇的正好是梁朝伟呢？实际上他光脚还不到一米七〇。无须用硬性数字框住自己而错失良机。

“随手解拍单身男女”还看到个1989年的男生写道，想早点成家立业，希望女方也是以结婚为目的，“本人房车都已准备好”。1989年的，现在是24岁，房车都准备好了又怎么样，女人就相信你已经成熟到可以结婚了？你先好好谈恋爱吧。

现在的征婚广告，其实只能是征友广告，不可能看到这么几行字就确定你是结婚对象。征友广告的目的是撒最大的网，而不是撒最小的网和最准确的网。直接导致的结果不是结婚，是让异性有兴趣跟你见面！征友启事是钓鱼的鱼饵，在有限的字数内不用面面俱到，把你最光彩的部分写出来，把鱼吸引出来见面，更多的了解是见面后才发生的。

大家在看征友启事的时候，找的是共同点以产生共鸣。所以“我喜欢旅游音乐读书”不足以吸引人，就旅游来说：

- **你多久出去旅游一次？最远去过哪里，下一站打算去哪里？最喜欢哪里？**
- **你是背包客、经济游还是腐败奢侈游？**

音乐浩如烟海：

- **你喜欢古典音乐、蓝调、摇滚还是《最炫民族风》？**
- **你MP3和手机里最近常听的是什么？**
- **你会去听谁的演唱会？**

大家看征友启事“我想要的人”部分，同时在对号入座，思考我是不是作者想要的人。所以在提对他/她的要求时，不要用虚幻的形容词。最难以对号入座的，或者写了白写的词：

- **有责任心——什么衡量尺度？谁会认为自己没有责任心？**
- **上进心——什么衡量尺度？谁会认为自己没有上进心？**
- **三观一致——你对于啥三观还不知道呢，怎么对应是否跟你一致？征友广告离三观很远，那是交往后才能体会的。**

恋爱训练营一男生写了一段征友启事：

我是1981年无锡男，目前在普陀区政府工作，小公务员一枚。从2003年到东华读研开始，一路磕磕绊绊，幸有贵人相助，还算安好，唯独感情一直没个着落。房子就在单位附近，步行上下班，生活习惯良好，作息规律。国际体操中心游泳馆是常去之处，无论冬夏，一周两次，一米七〇的海拔估计也游不出新高度了。去年入手了一架尼康，单反的确好玩，就是实际操练少了点。只要有趣的东西都挺喜欢，像动漫、话剧、小说、传记等。

希望那个她，眼睛有神，笑容温馨甜美，自信乐观，皮肤净白则更有吸引力，过胖过瘦则要减分。知道自己要什么、不要什么，热爱工作和生活，并能权衡好两者的关系。

点评：自我介绍的部分非常好，很有意思！为什么要说小公务员一枚呢？一点特色都没有，你跟我谈起你的工作时可是热情洋溢的，你做公务员不是求安稳，你有理想和抱负，写啊，女人喜欢看。

对她的要求：对外貌的要求太多，可是又非常模糊，什么是过胖什么是过瘦？看到照片和真人不就知道了吗，不用写在启事里。而且，在乎外貌的男人，让女人不快（不管这女人有没有外貌），虽然谁都知道男人看重女人外貌是事实，反过来女人写太多对男人收入的要求也一样。热爱生活什么的，都是废话，没办法对照。你写的自己就很好，具体你做什么表现了你是个爱生活的人。知道自己要什么、不要什么？我的天啊，快到圣人的段位了。

最后该男决定，把那段对“她”的要求整段删除，因为别人无法对号入座，只留了一句话：如果你对我感兴趣，请联系我。这就足够了。

恋爱训练营的学员有一个功课：写140字的自我介绍。可是交上来的大多是八股文，我分批约学员午饭见面，一个个聊他们自己，写出有血有肉的自己。

A

辅导前：1980年单身女一枚，上海交大专升本毕业。美资企业业务，工作时间规律。温和，喜欢笑，有亲和力和感召力，对小动物有爱心。经常参加英语演讲俱乐部；喜欢拍照，自拍，边走边拍；喜欢读书会的分享，最近在读英语原著；喜欢羽毛球、滑冰和保龄球；喜欢瑜伽；喜欢自助旅行。喜欢聚会，结识有趣的朋友。懂得生活的艰辛，体贴家人，愿意一起买房还贷，不计地域，男方离婚无孩亦可。

点评：写了那么多“喜欢”，依然让人记不住。找对象并不是找文娱委员，不是有那么多“喜欢”就可以。

辅导后：1980年女青年，上海交大专升本，美资企业业务，工作时间规律。Toastmaster资深会员，学会了在众人面前讲话的勇气，也结交了一群上进有趣的朋友。英语读书会会员，每周活动一次。喜欢自助旅行，上一站越南，下一站中国台湾和柬埔寨，我们还缺男伴哦！懂得生活的艰辛，体贴家人。愿意一起买房还贷，不计地域，男方离婚无孩亦可。有兴趣就来联系我吧！

B

辅导前：1982年女，国企实业投资，偏文静也喜欢认识朋友，参加各种活动。工作稳定，偶尔需要加班。作为即将扎根上海的湖北人，在来到上海的六年里，深刻地感受到这个城市的多姿多彩，也明白背后的努力和坚持。希望可以相互尊重、欣赏、扶持和成长，在事业进步的同时收获幸福的家庭。喜欢SALSA舞，和朋友一起背包旅行，参加校友会羽毛球活动，阅读心理、历史、社会等方面的书籍，厨艺尚可。性格温柔大方，懂得为他人着想，乐观通达，自尊自信自爱。

点评：作为独自在上海打拼的沪漂，最容易志同道合的是跟你有一样生活状态的沪漂，需要特别在这一点上寻求共鸣。

辅导后：1982年女，来自湖北，武汉大学硕士，国企上市公司投资经理，工作稳定。从大学开始独立生活，毕业后利用工作之便，领略都市繁华及西部雪山、草原、戈壁、沙漠之广阔。性格兼具温婉与大气，以真诚友善豁达之心待人接物，努力提升自己从未停止。如果你希望寻找可以相互尊重、欣赏、扶持和成长的伴侣，欢迎与我联系。希望未来的生活可以甘苦与共，在上海这个大都市里打造一片属于自己的温暖天地。可共同买房还贷，希望对方40岁以内，离婚无孩亦可。

C

辅导前：1985中秋出生于江西吉安，2004年来上海上大学。在浦东一美企从事人力资源类工作五年多，作息规律，生活习惯良好。业余学习SALSA舞，通过舞蹈更加了解自己、了解别人；喜欢运动，如羽毛球、瑜伽、跳绳；桌游、射箭、演讲俱乐部等有趣好玩的也乐在其中。喜欢爱思考、工作认真之余有点兴趣爱好、主动性和行动力较强的男生。

点评：那些兴趣爱好其实都不专业，都是偶尔为之或刚刚接触，不吸引人。聊下来她的特点是超强的生活能力，善于理财，这个很难得啊。

辅导后：1985年生，来自江西，2004年来上海，华东师范大学经济学本科，擅长理财，尝试过一些投资。自初中就寄宿学校，生活能力强，近10年在上海打拼漂泊，从事HR（人力资源）工作，工作上小有成就，感情上很孤单。体贴照顾家人，理解生活的艰辛，寻觅和我在上海有相同经历的另一半，愿意一起买房还贷，40岁以内，离婚无孩亦可。我的长相见照片，想见真人，约我见面哦！

最后说一下照片，征友启事凡是附带照片的，读者总是先看照片先入为主。照片当然要好看点、精神点，但是不要不像自己。现在美图秀秀处理过的人像泛滥，弄张完全不像你的照片有意思吗？干脆直接上Anglababy和黄晓明的照片得了。

## / 女人挣得多太优秀会不会嫁不出去？ /

2013年上海的万人相亲大会主办方对媒体透露，男女的择偶观发生了变化，对于家庭角色分工已然模糊，没有了传统的“男主外，女主内”，多数男性愿意共同打理家务；女性高薪者比例逐年递增，70%以上受访男性表示接受妻子比自己收入高。年龄越小对姐弟恋的接受度越高，90%的人选择姐弟恋差距5岁以内。

恋爱婚姻是一面社会的镜子，中国如今择偶观的变化是经济发展的必然结果。女人经济地位增长，收入增高，自我意识觉醒乃是最大的推手。传统的“嫁汉嫁汉穿衣吃饭”已经成为过去时，“男主外，女主内”也日益模糊，湖南卫视热播的《爸爸去哪儿》带出了新一代的父亲们对育儿的关注……然而变化是缓慢的，传统择偶观的男强女弱依然束缚着80后的手脚。

在某次恋爱训练营讲座上，一位25岁女生，同济大学毕业，法国交换生，很年轻已经当上外企小主管，月入15000元，在同龄人中算优秀的了，可是在场的妈妈认为她的优秀是个负担，找对象困难，比她优秀的男生太少。我开玩笑地问妈妈：那么当年女儿初中毕业的时候，你有没有让她不要上高中上大学，读个职校算了，不要那么优秀，一个月挣3000元，日后好嫁人？大家都笑了。

传统思维：能结婚比什么都重要，女人挣得多太优秀嫁不出去，所以宁可矮化自己，似乎不让自己那么优秀，学历低收入低就好嫁了。嫁是唯一标准，嫁给谁，拥有什么样的生活品质不重要。女生自己月入15000元太高，月入4000元最好，嫁个月入8000元、10000元的男人，这样就幸福了。

恋爱训练营一个女学员的学习体会：我生在一个知识分子家庭，长辈和我在文化上都非常认同西方的一些观念，从小就送我去国外读书，在外企工作多年，有很多国外的朋友，对新鲜的事物很好奇，独立，愿意去不同文化和风貌的地方行走。但是我在家庭和婚姻价值观上却非常传统和保守，30岁了还没正式恋爱过，以前都把心思花在读书和工作上，也就是你说的看不出来我有那么多的经历。参加了一些海归派对还有我们学校的校友会，倒是结识了不少高端大气上档次的姐妹，男生方面依然没有收获，稍微高端的人家也不用来参加相亲会，来的都是离婚大叔和85后小弟弟。

我的答复：你说你的婚恋观念保守，这就是最要命的。如果你的学历收入也不高，婚恋保守没关系，底层老百姓都这样，结婚不难；难的就是你这种一脚新社会一脚旧社会，不知道什么人跟你配合适。所以，打破你对留学、学历、工作属性、收入的条条框框，专注在是否喜欢这个男人，也别只在海归圈子里找。

如今三十几岁的成功女人不少，可是她们想要的比她们更成功的男人，大部分不想要她们，嫌她们年纪大不够漂亮而且强势不听话。经济地位改写男女关系，成功的熟女们如果一味秉持古老的“男人要比我强”的观念，那么在中国被剩下的可能性就很高了。有此想法的姑娘，即使外表强势事业优秀，内心依然是一个小女孩的择偶观，对男人太多天真的幻想，希望得到一个完美男人驾驭自己。成熟女人的生活方式加小女孩的情感幻想，无须男人，自己就能纠结死自己。

## / 如果你嫁不出去，只能说明你没有你想象的那么值钱 /

你要求男人有房有车能养家，就不要指责男人要求女人年轻貌美；你要求女人年轻貌美，就不要指责女人拜金功利；你们都一样，条件换条件。如果你嫁不出去，只能说明你没有你想象的那么值钱！

我的微博评论里有个离婚有孩三十几岁的女人，感叹对象难找，说条件好的男人都肤浅，只想找二十几岁单身女人。我问了下她的条件和她想要的男人的条件：她在一线城市月入一万有奥迪车，一个孩子；她想要的男人可以比她大10岁，经济条件好有房有车，离婚有孩，最好孩子跟前妻，她不想再生孩子。

她的条件跟她想要的男人的条件，对等吗？我给婚恋网站的红娘做过培训，她们告诉我离婚有孩的女人最难找。她想要的男人二十七八的单身女人都抢着要！男人很肤浅？你要求男人有房有车很深刻？你的要求其实不高，问题是去婚介所找不到，那里见人前先看条件，你想要的男人不肯见你！

找不到对象最容易的自我安慰方法是什么？指责抹黑异性。男人说女人都拜金，女人说男人都肤浅只爱年轻美貌。在以“条件”掂量异性的婚姻市场上，案例中的女人“条件”是很差的（她相貌中等），而她想要的男人“条件”比她远远高出好几级，可惜她不自知。

@木头和吉吉：看到这种评论，真是觉得世态炎凉，这个女人的要求高吗？怎么就不对等了？她自己经济条件也不差，牺牲年龄上的差距，找个更强一些的男人有什么错，为什么要嘲笑她？！她离婚了，明知在这个现实的社会里，带小孩的更难再婚，可她还是要了孩子，不是母爱的体现吗！婚介所称斤论两，对女人再三苛刻、看扁。

我认识一离婚有孩三十几岁上海女人，再婚老公同龄单身，月入跟她一样一万多，非上海人，无房无车，结婚住她的房。自己认识相爱的，她不嫌他没房，他不嫌她有孩，对孩子视如己出。离婚有孩女人能再找到幸福吗？能。前提你不是势利眼，你会算，男人也会算！婚介所就是个先比对好双方的硬条件，称斤论两再安排见面的地方，只会去婚介所碰运气的弱爆了，有本事自己找。

@SAUCE沙司：搞对象这事往往会出现人有多大胆，地有多大产的情况。但能做到这点的人必然内有无量乾坤，外有雷霆手段，断不可能巴巴地跟人家说“你看我这条件能找个什么样的”，以为人家会帮你送货上门吗？真有本事的自己搜、自己抓，失败了不动声色换下一个。

有女同学支持她的算盘，说，人人都有追求幸福的权利。不错，人人都有追求幸福的权利（粉丝杨丽娟有追求刘德华的权利，凤姐有追求奥巴马的权利），但是你更要有追求幸福的本领。人的痛苦就在于欲望太高，能力太低。婚介网站是个买菜的地方，没见面前就是比拼硬条件，她想要的男人，输入他们想要的女人的硬条件后——连跟她见面的机会都没有。

@木子楼楼：我认识一月薪两千的非正式编书记员，中等相貌，离婚，三十多岁，无房无车，带着十来岁的女儿，嫁给了一无婚史无孩的品貌端正、有口皆碑、年纪相仿的法官。婚姻这事说得清楚吗？！我可以肯定，他们不是在婚介所，红娘比对了双方“条件”后，安排他们相亲认识的。

有女网友抗议，说我把这种话题拿出来讨论，就是歧视女性。为什么不可以讨论？中国传统的婚恋观，男人的财富和女人的年龄是一个范畴，互相交换。如果你痛恨这样的价值观（我痛恨），不想自己的年龄相貌被计较，那你也不要计较男人的钱，双重标准要不得。

很多这样的女人卡在这里，她们说，收入比我低的男人会降低我的生活质量。什么是生活质量？除了可以用钱计算出的东西，伴侣给予的爱、关心、理解、支持、慰藉和性爱，都不在质量之列吗？

我开头引述的例子并非歧视离婚有孩的女人。她们可能找到吗？可能啊，但不是通过婚介机构的搜索引擎。所有的婚介机构，包括相亲、朋友介绍都是从硬条件开始的：某男，几岁，月入，学历……硬条件不过关，见面的机会都没有。想不走寻常路，就要有不寻常的本事，在日常生活中捕捉你想要的男人。没本事？也不肯降低要求？那就洗洗睡吧。

## / 找一个有缺点的伴侣 /

周末两天恋爱训练营工作坊，我要学员描述他们的理想伴侣，同时列出可以包容他/她的缺点是哪些。这些学员一向习惯了对理想伴侣的要求十全十美，可以有哪些缺点难住了他们。

女学员写：不爱整洁，不爱做家务，不善于表达情感，不爱讲话。我问：这些不正是男人的本性吗，你认为是缺点？

男学员写：爱唠叨，情绪化，爱逛街，经常买些没用的东西，爱做浪漫梦。我问：这不正是女人的本性吗？你认为是缺点？你干脆把女人每月大姨妈也列为可接受的缺点得了（笑）。

我们必须认可接受男女大不同，把不同列为“缺点”，你的恋爱婚姻就不会顺利。

男女本性的差异，部分来自生理，部分来自父母养育的方法。中国传统养育方法，男人从小被鼓励哭吗？被鼓励可以自由表达感情吗？被期望做家务吗？父母跟他有很多情感交流吗？被教育要lady first（女士优先）吗？他被教育最多的是读好书，赚钱，出人头地。

所以不要期望他遇到你，忽然什么都会了。

说到对男人的要求，有女生提“风趣幽默”。我问：我们中国人（特别是中国男人）是以风趣幽默著称的吗？你活到现在认识几个男人当得上风趣幽默？中国男人中如此罕见的特质，你非要放到择偶条件里，你这不是跟自己过不去吗？有女生说老外怎么怎么，那你去找老外好了，但是别又嚷什么文化差异。我问女生：给你一个风趣幽默的男人，但是他30岁月入5000元，身高不到一米七，没有婚房，你跟他交往吗？女生不吭声了。敢情你是其他条件也都一个不能差呀！

有女网友坚持认为：男人本性带来的缺点比女人多。哈哈，你如果是这么认为的，那么你的男女关系永远不会顺利，因为你已经先入为主地认定男人是比女人差劲的物种。否定异性，是自己找不到对象的最好借口。女网友不同意，说：难道男人好色也是本性，我们应该包容吗？难道你居然不知道男人好色是本性吗？！男人都好色（同性恋好男色），做不做，计算风险成本后敢不敢做，那是他的选择。他做了后，你是不是包容，那是你的选择。你不肯承认男人好色的本性，那是你的无知。

“友缘8分钟约会”的负责人Michlle 来恋爱训练营做讲座，一些她觉得很普通的“全良”男生在他们那里很受欢迎，特征是：30岁左右，月入一万多，身高不矮，长相不丑，应对女生还可以，市区有一套不大的婚房（无贷）。看来女生要求的不是优秀，而是全面良好。

为什么你觉得自己要求不高，可还是难找对象。高中时所有科目成绩都在85分以上的同学请举手——只有寥寥几只手。我数学物理徘徊在70分，其他科目都90分。我这样翘脚的学生其实比全良80分学生多，翘得厉害的还有某门不及格。你的要求貌似不高，可真是面面俱到。

谈恋爱的时候，是跟他/她的长板相处；结婚的时候，是跟他/她的短板相处。我们每一个人，都是充满了各种缺点的人，有时候，我们优点的另一面对伴侣来说就是缺点，比如，事业有成时间少，老实厚道胆子小，独立自主不懂得示弱，等等。你能包容对方多少缺点，意味着你的选择面有多宽。找一个有缺点的伴侣，有没有这个意识大不同。

# 抛弃有毒的教条

你是女人，可你首先是一个人，人的最高追求是自我实现。

## / 多数人还是少数人，对你有什么意义？ /

女生问：现在婚前性行为已经是主流了吗？我好像不太能接受啊。答：我觉得你提问题的方式有意思，你为什么在乎是主流还是支流？主流就是对的吗？主流你就要跟随吗？你的想法如果是支流，就是不对的吗？现在结婚是主流，你就必须结婚吗？30年后如果结婚是支流了，你就因此不结婚吗？

女生继续问：大部分男人都介意老婆不是处女，网上都这么说的。答：你从哪里得来的“大部分男人”？国家统计局都不做的统计，你会做？网上胡喷的男人能代表大部分男人吗？想想每天在民政局登记结婚的女人，她们都是处女？不会吧，一线城市70%~80%以上初婚都不是处女（查看社会学家李银河的相关调研），那她们是跟火星人结婚的？

看我微博上的各种评论，是一件有趣的事情。当我说到导致离婚的理由A时，总是有人说“我（我身边的人）没有A，我也离婚了”。他们的思维总是落在“唯一”上，好像这世上的答案只有一个。离婚的理由有ABCDEFGH……当我说，大部分是因为ABC，总是有人问各占什么比例？精确的比例对你有什么用呢？

当我说闪婚容易闪离，总是有人说“我”或“我身边的人”闪婚后好几年了，过得很幸福。亲，你不遵守交通规则也不一定会撞车，从三楼跳下去也有毫发无损的。但是，公司招聘一个员工，还要有三个月试用期。你的婚姻，连一份工作都不如吗？再说你着什么急呢，是害怕再多相处一天了解加深你们就会分手吗？

我在微博上要不断地回答网友这样的问题：这是多数人还是少数人的行为和意见？怎么会有这么多人啊？事实上，基于中国庞大的人口基数，1%的比例都是恐怖的“大多数”。比如，古往今来同性恋在总人群中的比例在4%左右，放到中国就是5000万。5000万，当然很多啊。为什么现在感觉同性恋这么多？同妻这么多？其实从来就是这么多，只是在以前的社会环境中，同性恋者压抑自己，按照社会的世俗要求娶妻生子。我的一个同性恋咨客，他60多岁的父亲就是同性恋，当年迫于社会压力结婚，生下他后再也没跟妻子有过性生活，在他上大学时离婚。得知儿子是同性恋后，父亲痛苦万分。

每次我提到来恋爱训练营学习的30岁从来没恋爱过没有性经验的单身男女，总有人惊呼“不可能吧，怎么会有那么多人”！ 如果全上海有200万30岁左右的男女，从来没恋爱过的只要4%的比例，那也能坐满8万人体育馆啊。多和少，你明白了吗？

问：吴老师，你支持婚前性行为吗？支持同性恋吗？支持单身吗？

答：我支持婚前性行为，也支持婚前不性行为；支持同性恋，也支持异性恋，也支持跟谁都不恋；支持单身，也支持结婚。

问：啊？吴老师，你到底啥意思？

答：我们习惯于非黑即白，不是对就是错的思考方式。我用自己微小的声音，试图告诉和鼓励年轻人，在不犯法不伤害他人的前提下，做你自己，你跟别人不同不等于你是错的，别人也不是错的，每个人都只能代表他/她自己。

## / 恋爱有什么用？恋爱没什么用 /

我去复旦大学参加学生的社团活动“第三性”讨论会。我认为“第三性（事业好的女人）”是个伪概念，女人可以有很多面。一个研一女生说：我决定以后一心奔事业，不考虑恋爱结婚，女人还是要靠自己。我问：为什么要把事业和感情对立？你知道什么是事业，什么是感情？你都还没经历过呢，现在就决定二选一？你以为没有感情，你就会有事业？

复旦社会学教授沈奕斐也在讨论会现场，经常有学生跟她说恋爱浪费时间，问：恋爱有什么用？沈老师无语。讲座现场还有好多学生举手表示同意“恋爱没什么用”。我回答：其实你活着也没什么用！有什么用，能不能换什么东西，这样功利的思维蔓延到感情领域。我们几个老家伙诧异，这些年轻人的本能呢？

讲座结束，一女问我：一男生追我，我不喜欢他，可是我想恋爱，可以吗？恋爱训练营共同创办人BOB问：别的男人都死绝了？她说：他是唯一追我的，我不想跟男生主动，我也怕寂寞。我问：不喜欢的怎么恋爱？那不是给自己添堵吗？她说：已经堵了。自己不想努力，不想冒险，守株待兔，没有兔，蛤蟆也行？

跟沈奕斐交流后，发现现在有一大批这样的大学生：没有青春期，没有叛逆，没有好奇心，没有创新精神，没有性冲动，没有对异性的渴望……什么都没有。20岁上下就直接进入老年期，出了校门的最好归宿是公务员，父母去人民公园相亲角帮他/她相亲。我们的教育体制批量生产这样的活死人。

坐地铁无意看到刘若英的MTV《给15岁的自己》，歌词非常好："不确定自己的形状，动不动就和世界碰撞，那些伤我终于为你都一一抚平。……很感激你那么倔强，我才能变成今天这样。"昨晚在复旦讲座，大学生们提了很多问题困惑，我说起此歌：因为你们太年轻，还不确定自己的形状，所以觉得到处碰壁，成长就是碰壁。

【恐早恋，中小学校园集体舞取消男女生拉手】第二套全国中小学校园集体舞在北京中小学试点。为打消学校、家长对肢体接触引发早恋的顾虑，取消了男女拉手等肢体动作。调查称多数学生对男女拉手感到"很尴尬"。有家长认为青春期跳舞搂搂抱抱易引发情感问题，也有家长觉得越封闭越出问题。

@DancemanBOB刘忠：正常的男女生交往如果被阻断，必会用另外的形式爆发。

@周宇-亿派创造性教育学院：看好婚恋培训学校，未来的朝阳产业。基本课程：男女如何手拉手！

中国貌似整个笼罩在阉割文化中，学校的做法越来越抽风，所以我的恋爱训练营才会存在，我们真的在教男女如何手拉手！

## / “好”女人为什么不如“坏”女人吸引男人？ /

恋爱训练营主题讲座：“好”女人为什么不如“坏”女人吸引男人？

我让大家说出对“坏”女人的定义，她们的特质有什么，大家七嘴八舌，汇总如下：

- **感情经历多，性经验丰富，懂男人；**
- **会利用男人，拿男人的东西问心无愧；**
- **对自己中意的男人会用心研究他，制订计划接近他，得到他；**
- **梦想第一，爱情第二；**
- **不理会他人的评价和非议；**
- **以自我为中心，坚持原则；**
- **明确自己想要什么人，经得起诱惑，并能诱惑男人；**
- **不达目的誓不罢休；**
- **行动力强，拿得起放得下，舍得下，忘得快；**

- **知道自己的魅力所在，性感，会打扮，不一定很漂亮；**
- **会脚踩几只船。**

公众人物中的“坏”女人代表：章子怡、范冰冰、刘晓庆、张柏芝、邓文迪、麦当娜、麦当娜扮演过的Evita（阿根廷前总统夫人）、可可·夏奈尔、法国前总统萨科齐的夫人、英国温莎公爵夫人、武则天、慈禧。@LIRuohui：《埃及艳后》有句台词令人印象深刻：别人向恺撒介绍克利奥佩特拉：她很特别，她像男人那样选择男人，不像女人那样被选择（大意如此）。21世纪了，有些蠢女人还在“被选择”，认为自己是“好女人”，遇到主动选择男人的女人就给人贴一标签“坏女人”。

“好”女人的特质：

- **以奉献和牺牲为荣；**
- **喜欢仰视男人，以顺从和辅佐为荣；**
- **恋爱经验少，纯洁无知，不懂男人；**
- **经不起诱惑，也不懂得如何诱惑男人；**
- **自己不知道要什么样的男人，谁追得凶就归谁，把男人追求的猛烈理解为爱得深；**
- **被动，有暗恋对象不敢表白，不知如何表白；**
- **特别怕拿男人的东西，怕让男人误会生情，怕欠男人的；**
- **喜欢幻想，没有行动力；**
- **拿不起放不下，舍不得，忘不了；**
- **怕被人说成“性感”，自卑，总觉得自己不女人，不好看；**
- **职场上很优秀；**
- **顺从父母的意见，乖乖女；**

- **认为性是不好的东西，或者认为性是男人享受女人奉献，有些人拒绝婚前性关系。**

“好”女人的代表：《渴望》中的刘慧芳，中国四大美女（都是被男人利用，下场悲摧）。

最近新学员中有好几个美妞，她们为什么要来？

- **从小被严格管教，陪妈妈看《案件聚焦》恐吓式两性教育，外面都是坏人，晚9点不敢出门，28岁、30岁没恋爱过；**
- **追她的男人多，被动，不懂男人，不知道该选谁，害怕选择；**
- **觉得看重外貌的男人很肤浅，所以追她的男人都很肤浅。**

参加讲座的一个男生说，发现“坏”女人都是特别有自信有主见，能掌控自己命运的人。是的，自我对照一下，你是“好”女人还是“坏”女人？

你大概不曾想到：美，女人的最大优势，换个维度也可能成为某些美女最大的障碍甚至不幸的根源！自古就有“红颜薄命”一说。红颜为什么薄命？因为那些红颜的头脑和心脏不够强大，容易成为男人的消费品。红颜+强大智慧，那可以母仪天下了。

## / 谁能驾驭姐弟恋？ /

一位20世纪80年代红极一时的女歌星，40岁，离婚有孩，跟一个小她10岁的男人再婚。朋友都说不靠谱，她铿锵有力地说“我只要10年的幸福，之后每多一天都是赚的”。牛×！她说：如今的婚姻无论男大男小能有10年就不错了。我前夫比我大好几岁，过不下去还不是照样离婚。我经济不靠男人，能要一个30岁的男人，为什么去要50岁的？

如今女比男大两三岁已经不叫姐弟恋了，可以忽略不计，大5岁以上才算。大10岁以上的姐弟恋不是一般人可以驾驭的，是二般的同学。人有三种年龄：生理年龄、心理年龄、外貌可视年龄。男人24岁，女人30岁，不要指望男人可以跟你结婚，除非他天赋异禀特别成熟；男人32岁，女人38岁，结婚的可能性就提高了，因为男人也成熟了，甚至比女人还成熟。当然，只长生理年龄不长心理年龄的男人，不在讨论之列。一对男女差10岁，女20男10岁的时候，是阿姨VS外甥；女30男20，大姐VS小弟；女40男30，是一个女人VS一个男人。

28岁以上无论男女都应该是成熟的人了，职场也一样，比你大10岁的人，不见得就比你混得好值得你仰视。

我一女友，离婚有孩，37岁再婚，老公比她小10岁。她自信爆棚地说：我没有刻意要找小的，他也没有刻意要找大的，只不过他就是喜欢我这款的，只不过我25岁的时候他不认识我。认识也没用，那时他只有15岁，小屁孩。这样威武的女人，就算是47岁、57岁、67岁，想要男人都会有。

什么样的女人能驾驭姐弟恋，敢跟比自己小10岁的男人结婚？我的总结大致如下：

- **离过婚的，或者恋爱经验丰富的，对男人有充分了解，不奢望自己到了老太婆的时候，小10岁的老公还能怎么样（不求一定永远），即使以后他出轨也不怕，我照样再找年轻的（呵呵，参照麦当娜）；**
- **三四十岁，心理年龄年轻，外貌年轻，自信心爆棚；**
- **事业有成，经济富足；**
- **性欲旺盛。**

昨天见一老同事，女人，10年没见几乎没变化，41岁貌似31岁。见我在微博上谈及姐弟恋，她说她也是。老公比她小5岁，在朋友的家庭派对上认识，结婚时她39岁，他34岁。1.她不认为一个人非要结婚不可，宁缺毋滥；2.她不认为老公比她小5岁是什么事，也非刻意要找小的，“首先是喜欢他这个人，只不过他恰巧比我小5岁”。老公的想法也一样。

聊起恋爱训练营的女学员们，她说：她们能迈出第一步到恋爱训练营来很好，但是她们更需要跳出“盒子”，打破很多框框，比如：

- **结婚不是完成任务，是自己内心的真实需求，是两个相爱**

的人一起生活，不是向父母交差；

- 两个各自独立的人，男大5岁小5岁没有不同；
- 女人39岁结婚也可以，错过生育年龄没孩子也没问题。人生的意义不在于所谓的“完整”，在于质量。

## / “适合过日子” /

父母常常对子女说：“不要太挑剔啦，找个适合过日子的就行啦。”憧憬浪漫爱情的年轻人听不进去。可是，他们也遇到了这样的困局：那个“有感觉”的人迟迟不出现，或者出现了得不到，而自己已经到了社会认同的结婚年龄，女人更是迫于生育的压力，把30岁当作结婚的底线。

什么叫适合过日子的人？理想的结婚对象是：生活伴侣+性伴侣+精神伴侣。这三者都吻合纯属小概率事件。适合过日子的人仅仅是生活伴侣，另外两项都缺失。很多“适合过日子”的夫妻，性生活乏善可陈，主要的功用就是生孩子，有了孩子后处于无性婚姻的状态（性生活少于每月一次）。精神上的交流更匮乏，每天的交谈都是事务性的吃喝拉撒睡养孩子挣钱，没有深度的情感交流。

长久的婚姻是平淡的，平平淡淡才是真——这种体会是经历过不平淡的人才能有的。王菲的《红豆》的歌词：“等到风景都看透，也许你会陪我看细水长流。”对从来没有看过“风景”的人，因为年龄压力就要接受一个“适合过日子”的婚姻，到底心有不甘，一直幻想“真爱”，很多婚外恋也就此发生。我做了10年两性关系心理咨询师，很多出轨离婚的都是当初以为“适合过日子的”。很多人（特别是女人）以为适合过日子的就是老实好欺负永远不会变，直到死的那一天，好像会变的只有他们自己，对方是死人！没活明白的人想问题总是非此即彼，适合过日子的人与爱的人矛盾吗？先好好把恋爱谈明白吧。

《中国合伙人》中的王阳，被美国女友抛弃一直是他心中的隐痛。他最后找了能煮温暖的饭适合过日子的女人结婚，在婚礼上他说：“不要跟比你想法多的女人上床。”可见情伤依旧在，他只是愿意退而求其次。不少像此片中的中国企业家如今五六十岁了，年轻时性压抑（片中王阳对把他扑倒的美国女友说“这在中国是非法的”）也不招女人待见，功成名就后情人小三不断，作为年轻时的补偿，而他们的妻子只能默默忍受。

中国男人找老婆比较容易退而求其次，但是这并不意味着他们会对只是“适合过日子”的老婆忠诚，他们能把婚姻跟爱情和性分得开。而中国女人相对难做到，红杏出墙的有，更多的是沦为怨妇，修理那个“适合过日子”的老公，横挑鼻子竖挑眼。有些“老实”老公因此忍无可忍到外面求安慰，女人暴怒：我已经下嫁了，你竟敢……

心甘情愿接受一个“适合过日子”的人，是对现实的理智妥协，是对自己能力局限的认同，是经历过不平淡后的内心平静。心不甘情不愿勉强跟一个“适合过日子”的人结婚，以后这日子难免要翻船。

女问：男人碰到怎样的姑娘才会和她一辈子呢？是对她长久保持激情重要，还是找个适合过日子的姑娘重要？看着身边朋友一个个结婚了，想入围城又缩回来了——把男女关系比喻成学校的话，这就是幼儿园级别的问题。人跟人的区别，除了性别，更关键的是个体，不存在男人都什么什么。不如问什么样的男人能跟我一辈子，我对婚姻的要求是什么，是一直保持激情还是适合过日子就行。什么叫适合过日子？很多女人误以为有一种男人是保险箱，找到他就安全了，选男人好像买彩票战战兢兢。这种心态确实不宜入围城。

老是听到有女生说：家里介绍的对象没感觉，适合过日子。我很好奇什么是适合过日子？你们试过吗？且放下感觉啊，精神契合啊什么的高标准，同居几天试试看，能够搭伴过日子吗？我看难。所以“适合过日子”就是一句屁话，只存在你父母那个年代。

恋爱训练营新学员，27岁，女，挺漂亮，从没恋爱过，典型25岁前父母不让恋爱，25岁后被逼婚，相亲没感觉，心急火燎想结婚，说男人先要看是否适合结婚，不然恋爱就是浪费时间。我的搭档BOB问她，你不跟他交往，怎么知道他是否适合结婚呢？她说，我一看就知道。有这眼力为什么现在还单着？

BOB拿了张隔壁婚介所的单页给她，上面像房产中介一样罗列了一堆男人的信息，如1983年，本科，工程师，月入两万。BOB问她：看看，哪个适合跟你结婚？过去两年你都是用这样的方法在找结婚对象，无用。你来恋爱训练营，必须尝试一种不同的方法：先学习什么叫喜欢上一个人。你虽然27岁，但情商只有17岁。

@上哪找西西：我到了这个年纪，还是觉得没活明白，不知道是要选一个适合过日子的人还是放弃一切不找到爱的人不罢休，但最后还是会面临结婚日久后两人思想变化而走不到一起的那天。找个适合过日子的，也许就要收起那颗自由的心只在一个小范围中去实现自我。这是典型没活明白的问题。什么是适合过日子？有房有车，唯独不爱？这样的婚姻标配可不就是出轨吗？！不出轨没道理啊！没有爱怎么过日子？为了谁洗碗闹离婚的都有啊。世界永远不变的就是——变。年纪轻轻不要想死了能不能跟他/她合葬，然后反过来推导谁最安全，我应该跟谁结婚。有爱，可能变；没有爱，一定变！

谁能跟你过一辈子？要到一辈子结束的时候才知道！中国现在有很多男人找个适合过日子的女人结婚，在外面不断寻找激情，只要老婆不提离婚，他们会跟她一辈子的。不平等的是老婆要是出轨直接离，老婆守活寡。这是你要的婚姻吗？除了时间上的一辈子，你对婚姻的要求是什么？

我们传统的婚姻观念，注重能不能一辈子，而不注重婚姻质量，“适合过日子”就成了忍受低质量婚姻的代名词。一个40岁女人找我咨询，10年婚姻无精神交流无性生活，本来想忍一辈子，母亲跟她说忍忍就过去了。可是身体告诉她不能忍，她的经济也能独立。我说你可能会活到80岁，还要忍40年吗？

## / 性欲，恋爱的驱动力 /

女网友问：我和我朋友都是快30岁一直单身的人，一直都没啥谈恋爱的欲望，各种相亲也没结果，一直想着要找自己喜欢的，第一面没啥感觉都被否决了。现在年纪也大了，也想听那些过来人的话找个对自己好、不讨厌的就行，但目前很难说服自己。

这样的“剩女”不少，她们的特征：

- **从来没恋爱过，却想一步到位结婚；**
- **没有恋爱的欲望，内心驱动力不足；**
- **没有社交渠道，完全依赖相亲；**
- **幻想相亲一见钟情；**
- **以为有冤大头男人都等着接你的盘（人家也要找喜欢的好不好）。**

我做两性关系心理咨询师10年，看问题比一般人深。快30岁一直单身没恋爱欲望是什么意思？答案会让提问者吓一跳，其实就是你没有性欲！没有性欲，当然不需要恋爱更不需要结婚。人类三大基本生理需求：吃饭睡觉性，怎么会没有性欲？被成长的环境和教育压抑屏蔽，性欲从来没被唤醒过。

恋爱训练营三个月私教课程，学员的第一课就是跟我做一对一的一小时心理咨询，搞清楚找不到对象的深层原因，而不是简单的“没有遇到对的人”。原因很多种，性恐惧、性无知、性欲从来没被唤起过是重要的一项。

我问了微博评论中几个30岁没恋爱过的，果然从来没有感受过性欲。某次恋爱训练营讲座，谈男女契合度诸要素，我最后添上了大家都漏说但是很重要的一点——性匹配度。好几个女生事后说“三观被毁”，马上报名参加恋爱训练营要求被重新洗脑。话说，原来你们是啥样的三观啊，不知道男女关系的核心是性吸引？

@蓝姑娘的格子间：不知老师是否看过洪晃写的一篇文章：男人分两截吗？女孩憧憬爱情一般是因为精神世界的美好，当得知了男女关系的本质是肉体之后，的确感觉有点毁三观啊。

答：主要是之前三观立错了……糟粕教育搞得没有性欲，没有恋爱结婚的内在驱动力，却要在30岁被父母和社会催促+自我催促（认同父母和社会的价值观）逼迫下去结婚，简直是惨绝人寰啊。所以，如果你确实想恋爱结婚，就要从最根本的问题着手——唤起性欲，如果你确定不需要，就顶住压力单身。

网友说：吴老师的意思是，性欲乃恋爱和结婚的内在驱动力（之一）？好像还真的是！你总是一针见血，直白到让人不好意思，仔细一想还的确是这么个道理。

答：你本来以为是什么呢？一起“劈情操”？那叫哥们儿好吧。我以为我在说常识，一不小心又科普了。女人性欲的优雅说法是“思春”，优秀代表是《牡丹亭》中的杜丽娘。

我有个好友是昆剧票友，年会上穿戴全副行头唱杜丽娘。看完了我粗俗地解释说杜小姐之死，就是想找人上床没对象，郁闷死了。她听了要跟我绝交。我说的不是实话吗？

@袅晴丝Rain：应该更优雅点，“闺怨”，恰三春好处无人见，情不知因何所起，一往而深。

## / 性在中国，可做，不可说 /

有个决定对我“果断取消关注”的女网友，因为我有两天在微博上谈性谈得她看不下去了。她说：没想到你是这种人，我还一直以为……那口气敢情是对劈腿的男人说的。我承认“伤害”了你的感情，有失“端庄”。但我不得不告诉你真相：我做了10年两性关系心理咨询师，两性关系避讳谈性那就是扯淡！

她觉得平时我一直谈感情契合什么的，情操很高，可是居然宣扬婚前性，居然说性是享受男女平等……让你有这样的错觉，实在是我的不对。性观念保守、不敢谈性的人是没办法当心理咨询师的，因为咨客讲的都是人性的黑暗面，如果咨询师是用“道德”在工作，要么沦为居委会大妈，要么自己郁闷死。

@风一样的汤姆：性在中国，历来就是个讳莫如深的话题，它就像一本怪异的书，封面是《上甘岭》，封底却是《金瓶梅》，中间则是从初中《生理卫生》第四章一直到《红楼梦》梦中可卿、警幻仙姑般的犬牙交错。这位网友的比喻真的是……不得不转！性在中国，一向是可做，不可说，就像央视记者曝光东莞，好像他们以前从来不知道性都的存在，做惊讶和正义状。

一谈到享受性，马上就有人说“这不是美国，你那些开放的性观念不适合中国”。亲，你错了，中国人性观念的不开放并不是不可以做，而是——不可以说！

女网友：我妈说，女人一定要是处女，丈夫才会珍惜。我就是啊，可是发现我老公不这么想，他认为女人以前的历史跟他无关，现在床上好不好才最重要。所以，我没有特殊待遇。自认为给了男人最珍贵的，他不这么看，悲摧啊。

@UCA酱：吴迪老师可以稍微婉转一点表达，要不然“小妹妹”们接受不了的。

答：我咋知道是未成年的“小妹妹”在偷看啊，我以为我是写给成年人看的呀！

大V薛蛮子嫖娼引发很多女人一个疑问：男人为什么要嫖娼？从中能得到跟妻子、情人什么不一样的快感？薛这样的男人要找个情人不难吧，为什么他还要去嫖娼？性心理咨询师马丽给出了回答，原来妻子也好，情人小三也好，男人在跟她们性的时候都是要讨好付出的，只有嫖娼时他是绝对的甲方！

男人在妓女那里获得了怎样的心理满足？他们不需要看老婆心情去索要，不会什么要求都被拒绝被骂变态，没有一定要花很多时间精力去调动女人性欲的压力，没有是否能让女人高潮和满意的焦虑，也不用担心被期盼得到更多感情，可付钱轻松走人，可发挥创造力，满足好奇心，和各种新鲜人玩各新鲜花样，还可一对多。

网友问：如何防止老公嫖娼？答：找有身体洁癖和精神洁癖的男人，不好此道，对性没啥兴趣缺乏好奇心，不追求任何新鲜感，社交圈子都是这类朋友的男人。最重要的，除本性问题以外，不管外遇还是妓女，男人追求的是轻松、快乐和新鲜。在你的家庭内部给足他这几点。

圣母玛利亚处女生子， 现实生活中居然也有，妻子性恐惧，结婚几年都不能有性生活，想要孩子，去医院检查说依然是处女。通过试管婴儿怀孕生子，现代真实版的处女生子。

“我妈没教过”，不是个好理由。在处理两性关系的问题上，特别是涉及性，很多女人喜欢说“我妈没教过”。这可不是个好理由。父母可以教你的事，基本到18岁结束了，以后就是社会大学教你了。想想你的职业技能，是你妈教的吗？恋爱和性，不要指望你妈可以教你什么，真相是——她也不懂啊！

教28岁、30岁女人避孕。享受性跟自我保护矛盾吗？享受性就是迎合男人吗？恋爱训练营这些问题都教。28岁、30岁从没恋爱过的女学员恋爱了，要做爱前来问我如何避孕，我仔细告诉她一定要用安全套，长效短效事后避孕药的区别——有个学员开玩笑说“你比亲妈还亲”，亲妈这些都没教过。

网友问：我搞不懂接吻和性有什么本质区别，都是肉体接触，舌吻还把器官伸到对方器官里。那怎么婚前接吻就可以，婚前性就不可以呢？

答：你知道吗，很多不可以婚前性的人，接吻就是嘴唇的轻轻一碰。舌吻？那是变态，婚后也不做的。

选择性耳聋，选择性语文不好。某女生的爸爸听力不好，但是选择性耳聋，顺着他的话他都听得见，不顺着他的都听不见。我一谈到性，发现很多激烈的回复貌似选择性语文水平不好：我说享受性，她们歪曲成“随便上床”。她们的语文真的是体育老师教的吗？不，因为恐惧，所以防御过度。

想要知道你和他/她的性观念是否一致，请互相问一下——当看到“性”这个字，你马上联想到的词语是哪些？

恋爱训练营的性讲座，一对夫妻一起来。回答这个问题的时候，丈夫说联想到“享受”“愉悦”，而妻子……妻子至今被母亲的恐吓式性教育严重影响，丈夫很苦恼。这样的私人问题，单听讲座是没有用的，需要面对面跟心理咨询师做咨询。

有一个让女人不快的真相：娼妓是从古至今人类最古老的职业之一。在任何国家地区民族都是这样，以后也不会改变。如今，他们有更中性的职业称呼“性工作者”，在一些国家和地区他们是合法的。他们的存在告诉我们人性的真相，不管你愿不愿意面对。如今的变化是，光顾性工作者的女性越来越多。

医科大学毕业的女网友说：女性婚前性行为一定要会保护自己，就中国人的妇科系统，堕胎感染的多得很，到那时候，不是人人会做试管婴儿、人工授精的吧？我们和身体强健的西方人不能比！保护自己是拒绝婚前性，还是增长性知识，学会避孕？我们中国人的性教育，是太多了，还是太少了？

我们的恋爱训练营有妇产科女医生，三十出头没恋爱过没性经验。谈到性，她们说一无所知。我很好奇，你们是学医的，妇产科，不知道性？你们大学读书时没学过性心理？她们答好像学过一点，没在意。我明白了，她们自己没有恋爱经验不知道性，只知道性器官、病灶。我碰到过几个妇产科女医生，因为职业影响，一谈性就总是跟流产堕胎挂钩，把性妖魔化——性很危险，女人吃亏，干脆不要做了。我的工作中看到很多28岁、30岁的女人，还有部分男人的性无知，可以说令人发指，而他们大多高学历，工作收入也不错。所以很多学者呼吁性教育从中小学开始。

害怕婚前性的女人问：我害怕上床后就被甩了。（以下回复可能颠覆你的三观，心脏病、高血压患者勿看。）谁甩谁还不一定呢！如果上床后你发现他体味难闻，老二不强硬，持续不了几分钟，你当然可以甩他啊！男人的性心理很脆弱，如果你恨他，分手时就说：你的老二是我见过最小的、最差劲的。

一对30多岁的夫妻，一年才几次性生活，而且每次都是草草了事。丈夫认为这样就可以了，他可以靠看A片和自慰解决问题；妻子认为不可以，想离婚，不能这样守活寡。丈夫说她不负责任，因为他们有孩子。这让我想起《非诚勿扰》里那个性冷淡相亲女：那事那么有意思吗？一年一次够了吧？

恋爱训练营讲座，我问在场的男女，恋爱多久认为可以有性关系？超过一半的女人说三个月，如果三个月内男人连拉手、拥抱、接吻都没有，那就有问题了；男人都说三个月，有的愿意等待到六个月，最长的愿意等一年，再久就算了。

我问男人们：等三个月、六个月是你们理智上的决定，其实你们生理上对她的性欲望，是从什么时候开始的？男人们答：从爱上她、心动的那一刻开始就有性欲啊！就想上床！但是，为了表达对她的爱，你们愿意压抑自己的性欲对吗？不容易啊，大家鼓掌！

女网友说：婚前性行为不排斥，但是鄙视那种认识三天就上床的人，以性为前提来交往，我觉得还是太不自爱了，还是要在认同对方是适合结婚的对象、双方足够了解的这个前提下，上床才是合适的。答：《泰坦尼克号》这一对，认识还不到一天呢，也没说定结婚否，就“船震”了！你看电影的时候鄙视他们吗？不能老举外国的例子？好吧，《牡丹亭》杜丽娘思春死了，变成鬼了，见柳梦梅第一面就宽衣解带了；《西厢记》里的崔莺莺背着老娘就跟张生上床了。中国古典小说的经典不都是婚前性吗？

性、爱情、婚姻是各自独立的三件事，互有交集，因人而异。你的标准不等于他/她的标准，他/她跟你不同不等于不自爱，你不是天理不是王道！法律没有规定必须以结婚为前提上床。不想结婚的人就没有性的权利吗？结婚的理由有爱情、性和金钱，你为了爱情结婚很好，他/她为了金钱结婚不关你的事，你没有占领道德高地。

妈妈的恐吓式性教育还影响了一些女生的恋爱，因为深层次对男人的恐惧，使得她们见男人就害怕，初步交往后男人牵手就害怕，身体距离就拉开了，让男人误以为女生对他没有好感，就此结束。这些催婚的妈妈想不到的是，她们从小对女儿的恐吓式性教育非常奏效，女儿可悲，听信妈妈误青春。

有个妹纸害怕婚前性的理由是男人大部分都介意妻子不是处女。我问她这个“大部分”是从哪里得来的？她说，网络上很多男的都这么说。我问她：那些在网络上嚷嚷的男人，就代表了大部分吗？2005年在李银河的调查报告中，广州北京婚前性都超过70%，而且是计生委强制婚检得来的数字，现在就更多了。我问她：那么你认为每天去结婚登记处的新人，女人中有多少是有性经验的呢，都是处女吗？她说：70%应该都是有性经验的。我问：那么她们是跟外星人结婚了吗？

## / 谁敢娶女博士？ /

2014年初，在英国留学的生物学博士小王的照片被盗用征婚，小王很漂亮，网上三成男人表示不敢娶。虽说被盗用了照片，但是小王很不解，为什么三成男人说不敢娶女博士。

女博士，被一些人称为男人、女人之外的第三类人，有调侃有偏见，一竿子打翻一船人。无论男女，博士在传统印象中都是书呆子，没情趣相貌差，只会读书工作，而受传统的“女子无才便是德”的影响，女博士更被妖魔化。我的朋友，复旦大学社会学副教授女博士沈奕斐专注于性别研究，她曾拿自己在学生中做调查问卷：我的相貌在女博士中打几分？在女人中打几分？在女明星中打几分？调查结果很有趣，同样一个沈奕斐，在女博士中被称为“美女”，在女人中被打八十几分，在女明星中被打六七十分。沈奕斐说其实她认识的女博士们相貌都不差，是偏见和传统思维在作怪。

网络上问男人敢不敢娶女博士，我认为本身就很可笑，喜欢在网上看帖回帖的男人本来就是男屌丝多，他们即使敢娶，女博士也不肯嫁啊！一个女网友说得好：人人都敢娶的，那是大白菜。

随着大学的疯狂扩招，中国如今是生产博士的大国，每年的产量比美国还多。林子大了什么鸟都有，还有这样的女博士：不久前的新闻，武汉一女博士31岁从未恋爱过，相亲19次每次都是妈妈陪，给男方很大压力。她喜欢的妈妈不同意，妈妈看上的她不喜欢，结果总是听妈妈的。妈妈说女儿从小读书好，没有生活经验，不接触社会，所以要帮她把关，典型的女博士妈宝女。

如今仅仅拿学历、职业、地域、年龄来概括一个人群，都是简单粗暴的，还得具体到某一个人。婚恋的匹配，貌似是共性匹配，其实更多的是个性匹配。

@天空的幻想世界：主要是看两人的相处，合不合。合的话，外在的身份会加分，不合的话什么身份都是废话。

@拼命三妹：婚姻跟是不是博士没关系，过日子又不需要讨论学术。我是博士，老公是硕士。而且我身边女同学的婚恋都很好，一般女博士还是有些素养的，不会把逛街购物看肥皂剧，逼着男人挣钱买大房坐豪车当作生活目标。

@抹茶拿铁_：我是女博士，我老公大专生，在户外活动中认识的，他风趣幽默，我们在一起很快乐。你不把学历当回事，它就不是个事。

## / 谁是老实人？ /

你妈跟你说：你都30岁了，不要再挑了，找个老实人能过日子就行啦！老实人？谁是老实人？你妈嘴里的那种老实人只存在于她那个时代，全国人民都穷，男人没什么花头。不要把木讷当老实，不要把话少当老实。如今这个时代，谁都不老实！即使现在貌似老实，那是条件没到。

条件没到包括：没钱、没时间、没心情、没自由、没有招惹贼惦记的长相，也没有勾搭贼的情商、泡妞功夫、哄女人开心的嘴皮功夫、性能力。所以，不要再说“我从来没想到他也会这样不老实”。谁都可能不老实！很多男人都幻想一生能够不老实几回。

你妈的老皇历，今天都没有用了。我做了10年心理咨询师，出轨的“老实”男人比比皆是。老婆第一句话都是：“我知道现在外面很乱，男人都容易出轨，可是我从来没想过我老公也会，我就是冲他老实才跟他结婚的。我是下嫁的……”下嫁？谁让你下嫁的！总有比他更“下”的女人稀罕他。

怎么办？不要欺负“老实人”；不要以为老实人等于死人；不要以为老实人永远不会变；不要以为老实人没要求，你怎么对待他都可以；不要以为老实人不会有别的女人要他，你看不上他，总有比他更“老实”的女人稀罕他。所以，没有老实人前世欠你的等着接你的盘，不是真心喜欢不要轻易结婚。

## / 女人的世界就只有爱情吗？ /

2013年有两部青春片《致青春》《中国合伙人》，我都看了，两部片子对青春的解读截然不同：女人的青春，出了校园就结束了；男人的青春，出了校园才开始。女人的青春只有恋爱，男人的青春是奋斗实现梦想，恋爱只是一部分。女人的青春是用来怀念的，男人的青春是用来励志的。女人的世界只是男人，男人的世界是全世界。格局有多大，世界有多大。

《致青春》有一处特别恐怖：女主称赞一个为了男人动不动抓药片往嘴里塞的女人“跟她比我们应该惭愧，她可以为了爱情片甲不留，我们更爱自己”。娘啊，那女人是典型的人格障碍，需要去看心理医生！爱情是要人命才够意思吗？其中一女还真就为了缅怀青春爱情死了。编导在想啥？

很多女人在恋爱婚姻上痛苦的根源：把爱情、男人当作全世界，所以只要一个男人背弃了她，就等于全世界都背弃了她。爱情很重要，但不足以致命。女人常说我没有安全感，把安全感寄托在男人身上，你怎么会有安全感？心有多大，世界有多大，为野心勃勃的女人鼓掌。反观《致青春》的导演赵薇本人是个心大的女人，不满足于当女明星、富商太太，挺进制片人，她的世界很大。

波伏娃的《第二性》早就指出：女人不是天生如此，是被后天教化的。女人被告知：男人通过征服世界征服女人，女人通过征服男人征服世界。今天的世界男女格局早就变了，女人自己可以去征服世界，在路上找到志同道合的男人。退一万步说，即使你没找到男人，你还拥有世界！

按照这两部电影表达的男女不同的“青春”，我简直是个纯爷们儿！在美国餐馆打工的时候，老板嘲笑我：你们读那么多书有什么用，我这里来过那么多大陆留学生。我说：这么多留学生来了走了，说明他们是过渡一下，能混得更好，而你，一直在做这个小餐馆。10年后我回那个餐馆看过，老样子。

我一女友创业，正在物色合伙人，一男性朋友跟她说：带他/她一起去看《中国合伙人》，看得懂，激动，拉他入伙；没感觉，跟他/她拜拜。

《致青春》女主个性貌似赵薇，敢爱敢恨的小燕子，很二，充满生命力。台湾小生赵又廷演一个出身寒门，一心追求成功精准压抑牺牲情感的男生。他接受采访时说：我的成功，是用我做人的不成功换来的。今天中国成功学泛滥，也蔓延到两性关系。当成功成为唯一的衡量标准，人也就活得不像人了。

《致青春》的后半部走出校园后非常稀拉，有网友犀利点评：几个女的过了青春期就好像死掉了，其中一个还真的死了。中国女人青春短，80后不到30岁的都开始缅怀青春了，我问她们：你们真的年轻过吗？还是从懵懂无知少女直接豆腐渣了？有一种病叫——迟迟不肯脱离青春期，实际上是找不到存在感。

有网友说，不是女人自认28岁以上就是豆腐渣，是男人这么认为。不用担心，在我天朝“女求财，男求貌”的价值观体系下，男人18岁以上，只要没钱都是豆腐渣！男人女人互相为难互相损害。而绝大部分的女人无貌，绝大部分的男人没钱，所以我们中国绝大部分的男人女人都是豆腐渣！我们盛产豆腐渣。

法国女人16岁就是女人了，青春可以绵延到五六十岁；而中国女人，很多22岁以前都是青涩小屁孩不知男女之事，一过28岁就感叹自己是豆腐渣，青春何其短啊！这些年我不遗余力地在做我自己的“公益”，向年轻女性传播这样的理念：你是女人，可你首先是一个人，人的最高追求是自我实现。

去巴黎工作的前恋爱训练营女学员私信我：非常感谢你当时的建议，出国的经历使我获益良多。目前，我在法国的生活稳定了下来，我在学法语，学SALSA，试着更深地融入法国的生活。我仍然在寻觅另外一半，不过我感觉自己比之前过得开心和轻松——真为她高兴啊！

这个女生当时32岁，几乎没恋爱过，感受到巨大的结婚压力。正好有工作机会去巴黎，她问我要不要去，去了是否会更耽误找对象结婚。我跟她说：不要把结婚当任务去完成，你要的是幸福快乐。去法国吧，开开眼界，感受一下完全不同的男女关系模式，巴黎可是全世界的恋爱之都啊！

我创办恋爱训练营的目的并不是让男人女人马上脱单完成结婚大业，而是帮助你拥有选择的能力。选择你所爱，爱你所选择。

网友评论：

@湛若秋水：不看国产片，很大原因在此，从来只是靠矮化另一性别来凸显自己的高大，特别没追求，女人也自甘堕落依附。看了《画皮2》，雷得哑口无言。再看看同是娱乐片的《钢铁侠3》，女主都化身女勇士勇救心上人了。什么时候国产电影能传递给小女孩一些正能量？

@五年：其实女人也可以很精彩。只是多数女人的人生不是以实现自我价值为目标，只望现世安稳岁月静好。其实心有多大，世界就有多大。

@彼岸的小围脖：对于在校园才有青春成天缅怀爱情的女人，就别给她们讲什么逻辑思维人生不是只有爱情了，逻辑思维不存在于她们的思考空间。靠幻象生活是她们自我催眠尚能蹦跶的唯一乐趣。

@藤井树小姐：女人失去爱情会怎样？伤心、绝望、成熟。然后呢？没有然后！那么男人失去爱情会怎样？也会伤心、绝望、成熟，但通常会更向往成功！

## / 中国式好人 /

对他人的无理要求，对你不愿意做的事情，你能心安理得直接说“不”吗？很多人回答能忍一天两天，时间长了不行。如果不能接受，请在第一天说“不”，不然对方不知道你不能接受，又凭什么只让你忍一天两天？当然要继续下去啊。你做了一半才说“不”，对方也会不高兴，怨你咋不早说。

广州的资深心理咨询师武志红：正常的中国人，都奉行做好人的哲学，就算不在社会上做好人，至少也要在家人与熟人圈子中做好人。只有当你为别人贡献时，你才会被看见。于是，自己的感受不会被看见，而灵魂，没有感受做养料，就得不到滋养。中国式好人的内核，是一个疲倦的灵魂，甚至灵魂都未成形。它打着哈欠，哈欠又像是愤怒。它的能量不能向外伸展，而只能是向内塌陷。

问：我一个女亲戚在跟老公闹离婚，很不开心，每天跑来我家，一待一天。万一她离婚了，又找不到她想要的男人，那还不成为我家一员？我就求她别离婚，有家的女人不会常住我家的。

答：你搞错工作方向了。你要做的是直接告诉她不可以天天来你家，而不是劝她不离婚。你搞错了责任田！

提问的是我一熟朋友，聪明女人，我很惊讶她提出这种问题来。人家离不离婚、离婚后能不能找到男人关你什么事？要你瞎操心。你身为女主人，你家的门什么时候可以开才是你能理直气壮决定的。中国人常常搞不清楚人与人之间的界限在哪里，不好意思说“不”，却好意思说“你不应该离婚”。

性心理咨询师马丽：这么巧，我以前一个个案情况类似，咨询问题是前面背景如你所描述，后面结果是老公和这痛苦女友有感情了，搞外遇了。男人很容易有怜香惜玉英雄情结，别自己惹事。

忽然想到一句笑话：防贼防盗防闺密。对这样需要帮助的朋友，如果你不愿意她来你家，可以约到外面的餐馆咖啡馆见面，并且告诉她我有多少时间给你，在你最痛苦的阶段，我可以一周见你几次，因为我也有我的生活要料理。帮助朋友不等于无底线，明确告知对方我可以帮多少，不会伤害友谊，反而避免你窝火她完全无意识。

很多不会说“不”的人窝火，源于这样一个认知：你知道我是勉强答应的，你怎么这么得寸进尺！冤枉啊，对方真的不知道！他/她不是你肚子里的蛔虫，怎么知道其实你不乐意呢？所以，如果有人跟你借一万，你可以说一万不行五千可以；可以说能借一年，请写借条；可以说“对不起我给不了”。

对不好意思说“不”，想说“不”又怕伤了和气的朋友，推荐一本好书《过犹不及——如何建立你的心理界线》，作者是美国的亨利·克劳德和约翰·汤森德，网上有卖。他们写了一系列“界线”丛书，《为婚姻立界线》《为孩子立界线》都值得学习。

## / 女主持都嫁了谁？ /

电影《北京遇上西雅图》热映，有网友酷评，这个电影告诉我们一定要长得好看，只要长得好看一个美食杂志编辑就可以……错，我从ELLE开始在时尚杂志工作了10年，历任主编出版人，手下好些长得比汤唯好看的编辑，过着普通人的生活。关键还不是好看，而是你是谁！你的名气身份。《色戒》之前的汤唯，能有多好看？

女主持都嫁了谁？SMG流传的段子：榜样、款娘和扎实。榜样（嫁未来的高官），款娘（嫁富豪），扎实（经济基础扎实的专业人士，如哈佛金融高管男）；异类是找地位收入不如自己的男人（如同节目组的摄像大哥）；还有高低不成单着的。人各有志，女主持也不例外。

某哈佛MBA金融投行男找对象，自恃身价不低，说“央视女主持人我攀不上，我们省、市电视台的女主持人，我总配得上吧”。有人提醒他，他公司的前台比主持人漂亮可以考虑，他说，切，前台？——首先“你是谁”漂亮才会加分。如果前提“你是谁”不合格，漂亮容易成为快消品。

每次看到大家热烈讨论高富帅都觉得好笑，你是白富美吗？你不是，高富帅跟你有关系吗？你在哪里能遇到高富帅？ 你们是混一个圈子的吗？电影明星尼古拉斯·凯奇娶餐厅女服务员这种小概率事件，你就不要对号入座了。你能遇到的，就是一个跟你一样中等收入、中等相貌，能给予对方中等关怀的他/她。

以前因为工作关系，我跟很多明星打过交道。某女演员没出名前男友是有点小钱的台湾老男人，老男人还很有心理优势，几年后她混到二线了，嫁了东南亚亿万富豪。长相并没有变化，自己的身份不一样了就可以攀更高的枝。漂亮却没身份，容易成为快速消费品。不过，这都是名利场的事，跟你没关系。

还有王菲在胡同里倒尿盆的感人照片！当时我就震惊了，尼玛我跟她同年，我天天倒尿盆呢，咋没人感动。

@Tara陶思璇：当年巩美人擦地成为新闻成为美谈，多少跪着擦地的女人都被忽略着。帅哥柔情和美女劳动之所以动人，就是因为大家已经预先默认他们有不柔情不劳动的特权。

@Tara陶思璇： 吴迪说得很有道理。虽然也有我这种读童话读呆掉了的人，可要在茫茫人海遇到，概率比平民成为恐怖分子的暗杀对象还要低，若坚信童话就要先做好一辈子单身的心理准备。

## / 困惑的时候去问谁？ /

25岁女生失恋找我咨询，指责前男友不负责任，基调是“我是好人，他是坏人”。她这个“好人”的生活状态：月入4000多无含金量的工作，无职业规划，相貌一般，上海人，家贫，从未独自出去旅行过，说没有安全感总想要人陪。除了大学室友没有朋友。

这些室友收入比她还低，“混”字当头，劝阻她不要跳槽追求更好工作更高收入，因为不安全。我问她：这样的一个你，指望能遇上多么优质的男人呢？即使不小心遇到了，恐怕他了解了你以后，对你的兴趣也不会持续太久。

25岁女生有很多困惑，职业的、恋爱的，她也会去问身边的人。可是她没有朋友只有大学室友、亲戚。他们传递给她的绝大部分都是负面信息。选择提问对象的时候先想一想，他/她是谁，他/她的生活状态怎么样。

问职场，不要去问比你收入还低混字当头的人；问恋爱婚姻，不要去问怨妇。在恋爱训练营上，我给学员列书单，第一本是童话《小马过河》，我这代人小时候都读过，关于提问的问题。人以群分，检查一下“我身边的人”，他们的生活状态就是你的状态，如果你已经觉得跟他们格格不入，那么你该更新朋友圈了。

我从高中开始就有了忘年交，比我年纪大很多的良师益友，得到很多启迪和帮助。我和BOB如今都是中年人了，创办恋爱训练营授人以渔。我们信奉的是自我实现+一切皆有可能。学员大都是有很多困惑，但不能从“我身边的人”得到帮助的年轻男女。跟我咨询的25岁女生决定参加恋爱训练营，在这个充满正能量的团体做一件事——自我实现。

# 一个人有能力过得好，两个人才能过得好

爱情是让自私冷漠的现代人活得还像人的唯一力量。因为没有别的力量让我们如此真实地活着。

## / 焦虑转化为行动力 /

你逼近30岁了，你32岁了，想在35岁前生孩子的目标让你焦虑万分。可是，除了焦虑，为达成目标你都做了些什么呢？为什么你依然宅在家里等待缘分？为什么你尝试了一两次单身相亲活动，上了一次婚恋网，就说“没有用”？你认为怎么样才能有用？把焦虑转化为行动力，你需要来学习！

学习任何一门新东西，都是从不舒服开始的。恋爱训练营倡导不依赖相亲，参加各种社交活动，从中认识有缘人。有学员表示跟陌生人说话不舒服、不习惯，说“我不适合社交”。我自己不会骑车、游泳、开车，都学过，都没学会，觉得难。我给自己找了个正当的理由——我大概小脑不平衡，不适合。所以我至今都不会骑车、游泳、开车，反正不会也没有影响我生活。说“我不适合社交”的朋友，请问下自己：恋爱结婚是你一定要做的事吗，没有会影响你的生活品质吗？

@友缘小助手：一直都觉得我们“友缘8分钟约会”从来不缺优

质单身，为何很多人不是互看不上就是心动了也不行动，要么就是错误的行动给对方带来反感。很多人没意识到这是个问题。找不到对象绝对不是没遇见那个对的人，而是你不知道自己到底要什么，或是就算遇到了，也不知道该怎么做！

@SH单身白领自发交友Michelle：所有活动，无论高端还是普通，无论何种形式，男女总是互看不中，回来后网上都来找我抱怨对方自我感觉太好、不主动之类的，这个问题如何解决？

答：人群中总少不了喜欢抱怨“都是他/她不好，都是他/她们不好”的人，那就让他们继续单着继续抱怨吧。做老师的、做活动组织者的，都要抱着一颗“随他去”的心。我和BOB经常说：我们能力有限，我们只能帮到愿意积极改变从我做起的人。

一个人过不好，才想起来需要结婚？恋爱训练营一个34岁女学员，二十五六岁时恋爱过两次分手，听到身边几个已婚女友老公出轨，就觉得结婚无意义，懒得想。一晃34岁了，空窗八九年，又觉得一个人太孤单。她说自己很脆弱，不能排遣情绪，所以现在想结婚了。你把婚姻当福利院吗？

我常说：一个人有能力过得好，两个人才能过得好。单身的时候想着结婚的好处，看到结婚的坏处就要逃到单身状态。事物都有正反两面，想要的话全部打包。结婚不是上天堂，婚姻喜忧参半。

## / 用身体谈恋爱 /

听道讲坛实录：[①]

首先我想问一下：在座的谁是传说中的张江男，举一下手好吗？谢谢！

据传那是些用左脑思维的人。现在，由我这个用右脑思维的人，来谈谈恋爱的事。

我们先来聊聊：你是用什么来谈恋爱的。

请问：如果你爱上了一个人，想用一首爱情歌曲向她表达爱意，会唱哪一支歌？哪位能向我哼上一句？

（观众席中，有人唱了一句“月亮代表我的心”。演讲者再问还

① 公益性剧院式演讲论坛，每场6位讲者，每人演讲16分钟。听道讲坛2012年3月创立于上海，今年5月开设北京分场。分享智慧，表达观点。听道讲坛是一个公益性的活动，举办多场演讲形式的公开课，请有智慧的人，讲给有智慧的人听。把少部分人掌握的知识和成果，分享给更多的人。
官网 www.TnDao.com　新浪微博 @听道讲坛TnDao

有别的歌吗，前排一位女士仍然唱了这句歌词。）

我问了许多人，大家都唱了这句“月亮代表我的心”。那还有别的吗？

其实，很多女生还会对我唱这句：“我愿意为你，我愿意为你……”

歌声传递爱情。但说实话，很遗憾，我们汉人最不能传递感情。我们不会唱歌，也不会跳舞，不会摆弄乐器，我们太闷骚了！

前几天，我看高晓松在“优酷”上的《晓说》，非常有趣。

他说：“音乐不是我们汉文化的传统。你看边境的少数民族都能歌善舞，擅长表达感情。郎在对面唱山歌，爱一个女孩子，就是唱歌给她听啊！你再看世界上其他地方，黑人兄弟们、南美洲人、俄罗斯人……都很会唱歌跳舞，也能够自如地表达感情，但我们特别困难。”

正像高晓松所说，我们能写出一万首优美的诗词，却写不出一首美好的曲子。

写不出美好曲子的人，表达感情和谈恋爱就特别困难。

我们也不会跳舞，你知道中国的舞蹈很有意思，它不动胯，只会下着腰。当然，世上还有一个民族连腰都不动，他们的感情比我们更压抑、封闭。猜猜是哪个民族？不，韩国人是很会跳舞的，朝鲜族很会跳舞。对了，是日本人。

日本人跳舞是这样子的（演讲者示范），对吧。你看艺伎跳舞就拿着一把扇子，几乎不走路。大和民族比我们还要含蓄、封闭、极端。表面看来貌似内敛，可疯狂起来，什么变态的事都有。

再说说怎么谈恋爱。

现在从日本开始，来了 波新的恋爱方式。这些人叫“宅男”，或者叫“食草男”。他们不跟真女人谈恋爱，光看苍井空老师的AV片（成人电影），然后意淫……用那个Cybersex（虚拟性爱），力图得到极大的性满足。

科技真发达，人类很疯狂，以致中国的青年男女们也被慢慢感染。

很奇怪，我从未想过，自己竟不知不觉地成为“剩女”专家了。

我是做心理咨询的，可两三年来，我不断地跟单身的、不会谈恋爱的、不敢谈恋爱的男男女女在交流，而且有那么多80后，太不可思议了！

居然到今天，我还在教人家怎么谈恋爱。

当我年轻时，被迫在大学待了五年，没课，也没啥书好念，唯一能做的就是恋爱。五年来，我尽情地恋爱，从没想过这还要教。

现在年轻人真的惧怕谈恋爱，他们一说起这个，就用时髦的流行语告诉我：怕受伤。

我问：什么叫受伤？汉语非常发达，你的语文是体育老师教的吗？只会说受伤吗？你给我掰碎了，说说那受伤里面到底是什么呢？

原来，是有点沮丧、丢面子，事情没有按照向往的方向发展而已。

你那么年轻，受到一点挫折怎么会伤着呢，这是爱情的体验嘛！

爱情有那么丰富的层次，你此生是否都体验过了呢？

我想问一下大家对爱情的体会。我说一个词，请大家举手，好不好？

活到现在，谁体验过天雷勾地火？

谁体验过一见钟情？

谁体验过辗转反侧、茶饭不思、心如刀绞、欲罢不能、置之死地而后生……

谁体验过相逢一笑泯恩仇？

有吗？有。恭喜你们，都没白活。

这就是爱情世界带给人类的丰富体验。

今天，不断有风华正茂的年轻人问我：“吴老师，为什么要谈恋爱？”

这个问题还要问吗！

如果要追问我，特别是今天的张江男，那我要告诉你：爱情是让自私冷漠的现代人活得还像人的唯一力量。因为没有别的力量让我们如此真实地活着。

除了爱情，了解自我非常困难。你与同事、朋友、父母的了解都是有限的，只有在恋爱和婚姻中，你与爱人才会在这最深刻的人际关系中，得到最深的体验。

通过恋爱，你知道了自己和对方分别是什么样的人。你们睡在一张床上，没有秘密可言。爱情还促使我们关心一个与自己毫无血缘关系的人，除了母爱以外，那是世间最伟大的爱。

萍水相逢的男人和女人，为了一种特别奇妙的、叫作爱情的化学物质，彼此相爱，甚至在传说中还付出生命，这是多么难得的生命大奇观！

爱情使我们关照他人，付出爱心，感觉到自己存在。

爱情的意义在今天，在这个现代化的社会比什么都重要。

但是，我们看到越来越多的人害怕谈恋爱，不会谈恋爱。高科技的发展，iPhone、iPad，还有i什么的，使我们越来越无能了。一方面，我们以为通过网络似乎和全世界都有连接，跟谁谈恋爱都有可能。另一方面，你身边连一个人都没有。在电脑的另一头，你不知道那个人是一个人，还是一条狗。

有位32岁的“剩女”朋友，她从未谈过恋爱，来找我咨询，然后恍然大悟：“吴老师，我明白了，原来在过去十年，我已经有了一个男朋友——电脑。”

她每天下班后，要在电脑前待五小时，因为美剧、韩剧、日剧等都看不过来。最近她又迷恋上了BBC（英国广播公司）最新版的《神探夏洛克》，她说那个卷毛福尔摩斯的手指实在是太修长美丽了，分明就是她爱的男人。

我们似乎永远活在幻想中，但人毕竟是人，是一个血肉之躯，爱和被爱是人类永恒的主题。

生活需要激情。没点激情怎么恋爱！但如果实在缺乏激情怎么办？我找到了一个平台、一个辅助工具：跳舞。谁经历过大学里舞会泡妞的年代，你们的男友女友、老公老婆是从舞会上认识的，请举手。

嗯，在座有好几位。

我自己是20世纪80年代末到90年代初上大学的，那时没有网络和手机，男女彼此认识方法是什么？除了在校园里迎面截住以外，就是在校园舞会上勾搭了。

那时，最不好看的男生也在寝室里抱着椅子苦练交谊舞。唯其如此，他才能在舞场上一展身手。没有网络的时代，我们的恋爱是真刀真枪地干，所以恋爱是一场肉搏战。

有人还要问：什么是肉搏战？肉搏战，就是四目相对、手拉手、面对面地谈恋爱。诉衷肠、吵架，看到眼泪、微笑，闻到彼此的气息、感知到对方的心跳，还要滚床单……对吧？

今天有太多的年轻人用QQ、短信、e-mail、私信来谈恋爱，我说那怎么行呢！你哪怕是网恋，也得赶紧降到地面上相见，不就是个见光死嘛，永远停留在网上怎么行。

有个非常可爱的年轻人说：“我都是通过短信谈恋爱的。”

我说：“那不行啊，你输入那个字时，已经被思维过滤了，大脑会修改你的感情，会发出一条貌似理性的短信，对方的接收器看不见你的脸，无法捕捉文字之后的真正情绪。”

有个更聪明的年轻人说：“所以我觉得微博很好，因为它配了36种表情。”

我乐了，说：“你知道人类的脸有多少种表情？几千种！”

大家知道一部美剧《别对我撒谎》吗？语言文字能撒谎，身体表情不会撒谎。

你们去相亲，老说没感觉。亲，感觉是什么呀？

今天我告诉你们，张江男你们赚到了：感觉是性磁场的吸引力，你闻到她的味道，感受到她的温度，摸到她手的干湿度，这一切构成了你对一个人有没有感觉。

我找到了一个好朋友——上海的SALSA舞教父BOB。我跟他搭档，共同创办了恋爱训练营。SALSA是一种休闲拉丁舞，非常性感，20世纪30年代由居住在美国的古巴人发明，它非常自由，就像我们大学时代跳的三步四步一样，可以随意更换舞伴，也像今天老年朋友在公园里跳舞、弹奏黄昏恋曲一样。

SALSA舞也经常进入北上广深的酒吧，备受白领追捧。朦胧的灯光、几杯美酒、衣着漂亮的男女……荷尔蒙自然就提升了，感觉也就来了。

反之，如果是光天化日下坐在星巴克里相亲——

“请问张小姐，你在哪里工作？”

“请问王先生，你以后的职业规划是什么？”

“我在市中心有一套150平方米的房子，货款已经付了6年，还有15年要付，你愿意和我一起付贷款吗？”

……

这样僵化的相亲，是找不到感觉的。

归根到底一句话：你喜不喜欢这个人，决定于他的气味好闻吗，你用手抚摸他身体有没有感觉，才最要紧。咱得先喜欢上这个人，回头再谈别的。

我自己呢，过去五年也在跟一位老师学国标拉丁，那是一段自我治疗的过程：我曾经在外企里工作了15年，也许是一个优秀的职业女性，但怎么跟男人相处，是我永远的功课。

国标拉丁和SALSA舞都是男人引领女人跟随。今天的女人要学会怎么配合一个男人，这不是要你小鸟依人，其实你不弱，仅在示弱而已。跳好舞的诀窍，不在于你跳得如何好，而是让舞伴觉得他跳得真好。

（BOB上场，与吴迪共舞）

BOB对我的帮助非常大，他有个神功——不管哪个单身女人过来，只要跟他跳一段、搭搭手，他就能像瞎子神仙一样，知道你多久没谈男朋友了，多久以后能找到男朋友。他知道陌生男女的安全身体距离，捕捉到身体传达的信息，因为你过去发生哪些事情，身体是不会撒谎的。

我毕竟不是专业舞者，接下来请欣赏一位俄罗斯美女安娜与BOB搭档的SALSA舞，来看一下男人和女人如何用身体调情，如何互相产生感觉。

（安娜上场，与BOB共舞）

大家都看到了，当男女相遇，生活会多美好。

也许你站着不好看，坐着不好看，但你跳起舞来可能非常好看！

朋友们，唤醒你的身体，用身体谈恋爱吧。

## / 90后也相亲吗？ /

网上有帖子说90后女生也出来相亲了，有些还是大学的在校生，父母催他们去相亲就是怕她们以后跟相当数量的80后女生一样被剩下。他们以为能在大学毕业前敲定一个结婚对象就万事大吉了。殊不知，大学恋爱结婚（特别是初恋）的夫妻出轨率离婚率很高，走向社会后两人的变化都很大。没看到现在离婚率一直在飙升吗？大学，是学习恋爱的地方，不指向婚姻。

2013年上海赵巷万人相亲大会已经有了90后大学女生，她们说不想像80后沦为剩女，要趁着在大学里把结婚对象搞定。唉，20岁就要靠相亲找对象，放着大学里那么多男生都不找，没恋爱就想结婚，以为结婚就是保险箱一劳永逸，冲这情商，不当剩女没道理啊。

@SH单身白领自发交友Michelle：因为她们不想找还在上学的，想找事业有成的呀。

必须跟女大学生科普一下，有工作不等于事业有成。事业有成的男人不必去万人相亲大会，那是男屌丝聚集地。

媒体问我怎么看。我是个乐观主义者，喜欢从正面解读，相比80后的父母不许女儿读大学时恋爱，90后的父母至少有进步。任何一个年龄段的人群都有保守和开放、能力强和弱的，我相信90后总体趋向更开放。

哪个少年不钟情，哪个少女不怀春？让青春回归其本来的样子。当父母的不要忘记，你自己也是从17岁走过来的。放手让子女自由成长，距离他们10米观察，让他们拥有爱的能力，到了他们28岁、30岁，你才不需要替他们去人民广场相亲角。

去年上海一90后高中女生自己做了个1000人的调查（了不起，爱思考的女生），对象是高中生的父母，问他们对孩子恋爱的态度。51%的父母表示理解，欢迎把男女朋友带回家来玩，也不认为这就是以后的结婚对象。

@绿茶没了：吴老师，我决定了，我儿子的18岁成人礼就是去你那儿上堂如何泡妞课，可以不？会太晚吗？

答：只要你不横加干涉，泡妞这事他自己会做，不需要来我这儿学。只要爸爸告诉他如何使用避孕套，只要你们家可以自然而然地谈论爱情、性、责任、婚姻和恋爱的区别，只要你们是懂爱的父母。你们是吗？

@斤斤力力：我是90后的妈，女儿参加完18岁成人礼回来，说我已经没有早恋的机会了，我说你一定有暗恋的对象，那个也算，我也相信有人暗恋你，她笑笑走开了，我心里可是乐开了，难忘的成人礼。

我一朋友说，你别再跟80后费唾沫了，没用。你该跟90后开讲了，他们还来得及学习，他们的60后父母相对也开明点。

一位90后的家长问：中国孩子学业压力那么大，恋爱不影响学习吗？答：是的，是的，恋爱非但影响学习，还影响工作，中国青年的工作压力也很大，那只好等退休后再恋爱了。“恋爱影响学习”就是个谎言，也是80后的父母们不许儿女25岁前恋爱的理论依据。恋爱，也是需要学习的。18岁不学，28岁更难学。

致90后的父母：鼓励你家儿女早点谈恋爱，晚点结婚。十七八岁开始恋爱，在情场上摸爬滚打十几年，失恋几次，到了30岁可以知道：1.要不要结婚；2.该跟什么人结婚。不要像80后的父母，25岁以前不许谈恋爱，28岁从来没恋爱过却要逼婚，不可能完成的任务，勉强完成了，离婚的可能性也很大。

18岁该做的事情，迟了10年才开始学习做，会怎么样？一个字——难。很多人问28岁从来没恋爱过的人很多是吗，难以置信。如果不是做心理咨询师的工作，我也不相信居然在上海就有那么多。

春天做春天的事情，秋天做秋天的事情。万物都有其客观发展规律，人力不能强求，恋爱结婚也一样。90后现在要做的事情是：不以结婚为目的好好谈恋爱。

90后的婚恋会怎么样？我的同学早婚的就有20岁的90后孩子了，他们会怎么样，看欧美就可以了，就是那个趋势：初中高中就开始恋爱，结婚年龄越来越晚，40岁还单身的越来越多，离婚率40%~50%，出生率越来越低，单亲妈妈越来越多。“婚前性”“剩女”这样的词语都会过时。生活方式有更多选择。

有网友说：我不会管90后儿子早恋，只管他不要成同性恋。你开什么玩笑，同性恋是可以管住的吗？那可是基因里带来的。漏了一条90后婚恋趋势：更多同性恋出柜，更多父母坦然接受。什么是理想国？就是每个人能按照自己想要的方式生活，没有必须，没有应该……

90后还需要恋爱训练营吗？我真心希望90后不需要恋爱训练营，我和BOB关门大吉！我们继续开结婚训练营、离婚训练营、亲子训练营。任何一个年代，都有17岁初夜和32岁还没初恋的截然不同的人，中国庞大的人口基数，哪怕是1%的90后需要恋爱训练营，我们就还有市场。

我一朋友的儿子17岁失恋了找我咨询，我问：这是你的初恋吗？他惊讶地看着我（就像看外星人）说：我们90后怎么会高二才初恋？我初三就初恋了。

## / “吃香男”真的吃香吗？ /

上海万人相亲大会的负责人介绍说，前几届围观最多的区域要数张贴单身男女信息的“寻缘墙”，尤其是企业工会团委推荐的张江男、航天男、宝钢男、电气男等，格外吃香。譬如去年的“电气男”，报名103人，30对牵手成功，纺织男也成了20多对。负责张江男登记的工作人员更是忙得连头都抬不了，最长的队伍排了两个小时。今年，估计各种“男”也会持续吃香。

细细琢磨下这些“吃香男”，都是大型国企职员，30岁上下，收入七千至一万多，有婚房，其实就是工作稳定的“经济适用男”，为什么那么吃香？1. 如今任何相亲交友活动都是男多女少，好多女生的条件都盖过男生，男生实在没得挑；2.万人相亲大会准入门槛低，只要是单身，对职业学历收入等无要求，来参加的人整体条件不高，“经济适用男”也就吃香了；3.这样的男生如果没有婚房，马上又会不吃香了。

今年我曾经在上海电视台相亲节目《丈母娘看女婿》当点评嘉

宾。同为嘉宾的上海著名电视制作人小辰老师说：“相亲节目，比的是有房有车；选秀节目，比的是父母双亡。”丈母娘并不奢望攀富豪，而是要找个可靠稳定的女婿，她们最喜欢的就是大型国企职员和公务员，一定要有婚房。她们最不喜欢的男人职业是在私企工作的、销售、个体户、自由职业者，以女性客户为主的发型师、舞蹈老师、健身教练等，哪怕他们的收入比公务员高。这跟万人相亲大会上的“吃香男”一样，喜欢他们的女生（和女生的父母）不求他们有多少钱，只求安稳太平。这跟目前国内整个经济环境有关，国进民退，非公企业社会保障差，房价飙升，老百姓求稳心切。有趣的是，《丈母娘看女婿》特设过一个宝钢男专场，党委书记亲自来鼓气，那些小伙子我看着都还不错，那些有点姿色的女嘉宾和丈母娘们还是百般挑剔，结果全军覆没！闹得主持人面对来助阵的党委书记都不好意思了。

可是，从另一方面来说，万人相亲大会的“吃香男”在类似“友缘8分钟约会”的活动和我们的恋爱训练营里，就不那么吃香了。因为“友缘”是有准入门槛的，恋爱训练营的女生条件也都很好，一个有婚房的普通张江男、宝钢男并不吃香。在这个场合，男女的硬条件都挺好，比拼的是情商。

恋爱训练营三个月私教课程，男学员越来越多，男人也愿意来学习，太好了。昨天跟一男学员做咨询，他说因为自己不够帅而自卑，可实际上他相貌端正很男人，他是个有抱负的公务员，收入还好，有婚房。我问：你跟BOB比谁帅？他想了好久说：他不帅，可是他有精气神。我说：这就对了，你缺的不是相貌，缺的就是精、气、神！你就是我说的“三好学生病”“好男人病”，学历高工作好，可是26岁前情窦从来没开过，26岁后被父母催婚、被各种相亲，女人是什么，完全不知道。你缺的，是经验，是被拒绝的体验，是挫折！跟BOB比，你缺的是迎向女人的坚定、友好、自信的笑容！根本不是长相的问题。

网友：我想缺的是钱，没钱就没底气了。当今社会只要你有钱女人就会主动，这孩子把上课的时间和钱用在女孩身上，一切都解决了。答：我们恋爱训练营的男学员大都是30岁上下月入一两万的白领，这算有钱还是没钱？他们不会去万人相亲大会，不待见为了钱对他们主动的女人，面对自己喜欢的又没有底气，所以需要来学习。

## / Feel是条件堆积起来的 /

三位五六十岁的母亲跟年轻人对谈。一男生问：有两个男人追求你女儿，一个有钱人品不好，一个没钱人品好，你选哪个？我说，这是个有陷阱的问题，没有母亲愿意女儿找人品不好的人，但是人品跟有钱没钱没关系。你是想说你没钱等于人品好吗？女生们都大笑。

有很多男人安慰自己：我没钱=我人品好。有很多女人安慰自己：我不漂亮=我聪明，有内在美。真相常常是，你没钱也没啥人品；你没外在美也没内在美，骗别人可以，不要骗自己。

一个女生跟我说让她很有Feel的男人是因为气场大，跟收入无关（她看到他的时候不知道他的收入）。妹纸太天真，男人在女人面前的气场大，是他的好条件堆积起来的外在表现：学历、收入、事业、社会地位、相貌、阅历、情场的成熟度……一无所有的男人哪来的气场？

女生说：我就喜欢这种有气场的男人。好东西谁都喜欢，可是，这样的男人喜欢你吗？你最好去问一问。我可是听说你惦记的那个男人手机里有十几个美女备选，有脸蛋身材+海外名校+年收入百万……

跟他一样有气场的女人啊。当然，也可能他有特殊心理疾病，你特别像他娘，他迷恋你；或者他前世欠你的……空想一下。

@songminsi2003_FDU：我想起一个搞笑帖，女方说不看重钱，只在乎人品，介绍人诧异了，反问道：经济条件、家庭背景、车啊房啊你真的都不在乎吗？女方说：我觉得人品好这些都应该有了呀！原来穷屌丝的产生是因为人品问题。人品，感觉，我不在乎钱……汉语就是博大精深。

我有一个年入200万的女朋友，脸蛋身材都好，30多岁了还单着，老爱说我不看重钱，要看Feel。我横了她一眼，说：姐，能当你朋友的男人，哪个年收入少于200万？懂得赞美女人，能拉椅子披大衣+完美使用西餐刀具会品酒+谈剑桥的落日+带你去寺庙吃几天素禅修的男人，哪个是没钱的？

咨询感悟：30岁上下急着结婚的女人万万不可委曲求全，他收入学历都比你低，或自由职业无固定收入，你其实不认可，只是因为怕当剩女，还贪那么一点点“他对我好”，就抓着他结婚。逼他上进读书求高学历，逼他找全职工作，逼他……放过他吧，这样的婚结了顶多一年就会离。

女生问我：什么样的女人可以跟硬条件都不如自己的男人结婚，而且真的不在意，也不会逼男人上进？昨天我惊闻一43岁女友生了第三个孩子，之前她离婚两孩，海归外籍，年入200万。新宝宝他爹比她小八九岁，硬条件都不如她，不知是同居还是结婚了。彪悍的女人可以享受这样的男人。

我参与CCTV1《一起聊聊》节目“姐弟恋”专题，女大男19岁！离婚有孩的企业女老板和男员工，结婚10年，女人49岁时试管婴儿生了三胞胎。面对我们这些“坏人”的挑拨，他们淡定地承认“我是看中她有钱”“我是看中他年轻帅”，淡定到我们无语。彪悍的人生无须解释。

香港电影《盲探》中，郑秀文演的女警察身负重伤，以为自己快死了，大胆说出对盲探刘德华的爱。刘为了救她，回应“我也爱你”，女警察不肯相信，说“你是爱我的钱吧”（父母留给她大屋）。刘情急之中说“就是爱你钱，也爱你人，没钱也行”。女警相信了。承认就是爱你钱，你的钱是你人的一部分。

## / 沪漂白领一族的婚恋 /

如果你是北上广本地人，会跟在你城市的外地人恋爱结婚吗？父母反对吗？北上广的外来户，你跟本地人恋爱过吗？遭遇过什么样的困难？

一个上海女生交了一个男朋友（家在外地独自在上海打拼），春节想跟他回家看父母，遭到了女生妈妈的坚决反对。从个人条件上来说，这两个年轻人不相上下，二十五六岁的小白领，职场新鲜人；从家境上来讲，男方家更好一些，女生的父母离异，她自小跟着妈妈过，妈妈的收入不高，也拿不出钱来帮助女儿买房付首付。即使这样，妈妈一听女儿的男朋友是外地人，还是坚决反对，在她的观念里，“外地人”依然是低上海人一等，而且女儿要上男方家去更让她恐惧，她甚至要求一起去，以免女儿被骗。

现在你在上海无论去哪个单位公司，都会发现四成以上的沪漂白领一族，他们背井离乡独自在上海打拼倍感孤独，特别是那些大学都不是在上海念的，社会关系就更少了。一个上海本地人，还有七大姑八大姨+从小学开始的各种同学关系，帮助他们相亲的人脉多，而沪漂白领一族没有根基，社会关系少，找对象就更困难；如果你还是被动消极两点一线或天天在电脑上打发闲暇时光的单身男女，那就难上加难。

我的恋爱训练营三个月私教课程的学员，有一半是沪漂白领一族，谈到他们首选的恋爱对象，他们都说是跟他们一样的“新上海人”，有共同的经历和生活状态，彼此更容易理解。他们中有的以前跟上海人恋爱过，遭受过来自上海父母的不满，有的就因父母干涉分手。

那么，沪漂配沪漂就没有问题了吗？其实有两个重大的难题：1. 买房。上海人也许本来父母就有房子可以给儿女结婚用。两个沪漂不得不在上海买房，双方父母的财力是否负担得起上海的高房价（哪怕是首付）是个问题；2. 生了孩子谁来带？现在的年轻人都不再像他们父母那样，愿意把孩子送回老家让老人带，是你妈还是我妈离开老家来上海带孩子？妈来了，爸来不来呢？都来了，我们家住得下吗？又是个挠头的问题。

我一直鼓励上海籍恋爱训练营学员抛弃地域成见，把“新上海人”纳入候选名单，以开放的心态寻找另一半。

@Radioheadache_2010：我是外地小城市来上海读书工作的，前男友是上海人，从没离开过上海。最大的问题是，他和父母的关系太紧密，导致我们两个成年人谈恋爱就像俩高中生在父母监视下早恋，感觉诡异。另外，眼界有差别，我走南闯北去过很多城市和国家，接触过很多来自不同文化背景和阶层的人，他嘛……然后我们就说不到一起了。

@易博知萩：广州土著，父亲明确表示不要潮汕的，省内其他城市得是市区的，广州郊区他也不是很乐意，也不要外省的。

@邪恶的猫妖怪：女，帝都土著，丈夫就是在北京打拼的天津人（倒是离得真近），自己没有一定要嫁给北京本地人的想法。父亲一开始反对，现在已默认，母亲一直没意见。反过来说，丈夫之前一直说不娶北京人，结果还是……所以，这种东西预设立场是没用的，变化比计划多。

@小考笨笨：说到底还是看条件，外地人，条件好，本地人不会挑剔。

@洛洛朵朵：魔都本地人，老公江西的，三观都正，但公婆是农村的，双方各方面差异颇大，目前努力磨合中，我父母努力为我们创造好的环境包括帮忙买房，公婆在经济方面不能援手还会提出不合时宜的要求，例如要求我们买车，有点无奈，又要求把出生不过两个月的孩子带回老家过年并养在老家之类，不过如果我们拒绝他们也不会坚持。

@慢慢地跟着你走到天荒地老：我无法忍受我的日常生活被迫换另一种语言，所以绝对不会跟外来人口恋爱。

@ComicCelia：魔都本地人。不先给别人贴地域标签，具体个人连带他的家庭具体分析。但如果不同是魔都土著的话，以后去哪儿过年是个得认真对待的问题。

@奋斗柚：我老公就是毕业后来北京工作的。我们能吃到一起，三观合，年龄身高样貌都般配，双方家族人都很好，我们都觉得彼此是天赐良缘。

@油Yoyo：北京还好，地域歧视算小的。作为北漂，我遇到过原著男生委婉地表示你要是北京人就好了，有北京的同学给我介绍下，你也条件不错可以再了解一下。不过我已经果断嫌弃对方文化层次低不够聪明不联络了。

@赵皮皮球：我表哥在魔都，他是三线城市出来的，家境尚可，娶了个上海土著老婆，他老婆之前与他分过手，也是家里觉得外地人有各种劣势。不过我表哥英国留学，在大型国企上班，工作努力，在上海也已置业，他老婆的爸妈找了一圈后发现，本地人很多还没他优秀，所以最后又找回我表哥了。

@美伢mia_mia：作为本地人，和外地人恋爱一定会遭到家人的不支持、不理解，甚至还没谈恋爱就下禁令了。另外，本地人和外地人恋爱在价值观和生活方式上要沟通很多，确实比较麻烦，能避免还是尽量避免。

@绢头包小姐：不应该说外地人和本地人合不合，而应该说价值观合不合，因为即使是外来人口也有观念开放的和大城市无缝衔接的，即使是本地人家庭背景相差太大，估计也合不来。

@Lady茗烟如丝：非京籍在帝都工作学习快15年了，交往一个北京本地人，已经决定近期结婚。最深刻的体会是这当儿子的和父母关系太紧密，叫人没办法不担心将来如何相处。

## / 30岁以上的女人机会何在？ /

30岁以上的单身女人，机会在哪里？找对象适合什么样的渠道？找什么样的男人？

30岁，貌似是一线城市女人结婚的deadline（最后期限）。在中国，无论一个女人的相貌收入学历地位如何，30岁还单着，就有人替她担心嫁不出去了。很多单身交友派对也把30岁作为门槛，30岁以上的女人勿入。而去年上海民政局的结婚登记统计显示，男女平均结婚年龄都突破了30岁，说明30%的女人是30多岁结婚的，她们跟谁结婚了？30岁以上的女人机会何在？

上周日恋爱训练营讲座专门谈这个问题，来了好多30岁以上的女人，最大的38岁，而我习惯性地称她们女生，她们看上去确实都挺年轻的，她们的恋爱经验、对两性关系的了解，也都非常“女生”，不然就不需要来恋爱训练营了。我先收集大家的问题和困惑。

你最大的困难是什么？1.男人都喜欢年轻漂亮的女人，永远25岁。我让听讲座的一男做试验，现场找了三个他不认识的女生，分别跟他聊5分钟，就像相亲那样，不告诉他年龄，让他自己判断。他对女人的相貌年龄不敏感，在他看来三个女生都是30岁，其实是32岁、33岁、35岁，而他最有好感的并不是视觉年龄最年轻的那个。找结婚对象是个综合评估，年龄不是唯一的因素，男人不是只要女人25岁就行了，而是你是什么样的25岁。我拿自己举例，我跟老公结婚的时候我们都是32岁，他并不是只喜欢跟他同龄的，如果我27岁、34岁，他也会选择我，他选择的是吴迪这个人。有个恋爱训练营30岁男学员向我“表白”，说喜欢吴老师这种款型的。我笑说：是的，如果20年前我25岁的时候你认识我就好了，你也会喜欢我，可是我看不上你，因为那时你才10岁！

恋爱训练营共同创办人BOB告诉女生们，并不是所有的男人找老婆都喜欢25岁，因为绝大部分25岁的女人太年轻了，什么都要教，依赖心比较重，作起来厉害，需要男人哄，而不是所有男人都喜欢当老师的。

前不久我在南京电视台录相亲节目，一个32岁有点小姿色的女人对男嘉宾说：“你能好好照顾我吗，我可是小女人啊，你比我大8岁，是我的大哥哥，应该……”有些女人不开口还好，开口就想抽她！ 这种撒娇卖乖的话，如果出自一个24岁漂亮小女生之口，男人也许还会觉得可爱，可是32岁的女人说出来……几个男嘉宾，原来对她还有点好感，集体说：“我去，她以为她谁呀，这种不能要！”

一个恋爱训练营女学员转了一条情感“砖家”的金句给我看：好婚姻就是男人经济水平比你高，婚后不会降低你的物质生活水平+精神上尊重你无条件包容你……我说，这种脑残语是写给25岁女生看的，不是给34岁的你看的。

30多岁的单身女人，相貌平常，普通白领，自给自足没问题。找结婚对象的时候，跟20多岁女生比，你的长处在哪里？（注：男人确实稀罕需要的长处，不是你孤芳自赏。）

简单地说就是两个字：懂事。知道了男女关系和婚姻的真相，婚姻不是花男人的钱+享受男人的宠爱，而是同甘共苦；知道了身为一个普通女白领，能找到的也就是个普通男白领；知道了谋生不易，男人也一样；知道了结婚养孩子过日子很辛苦；知道了……不再像20多岁时对男人抱那么多幻想，提各种要求。能打败20多岁的30多岁女人，需如下条件（你能拥有的越多越好）：

注：女明星女名人不在讨论之列，王菲80岁都不缺男人。

- **懂事。知道男女关系和婚姻的真相，不对男人抱那么多幻想，不求男人样样都比自己强。**
- **有经济能力，无须通过婚姻二次投胎；有房，不强求男人买房。**
- **人脉广，能对男人的事业助一臂之力。**
- **容貌一般但懂打扮，视觉年龄比生理年龄年轻。**
- **见多识广，有趣。**
- **内心强大，受挫力强。**
- **恋爱经验丰富，懂男人，情商高。**
- **积极主动。**

如果只长年龄不长脑子，30多岁的女人，内心是个20岁小女孩，只好剩下了。

30岁以上女人找男人的渠道哪里来？外面各种单身交友派对对30多岁女人很不利，有的主办单位要求把年龄直接贴在身上或写在台卡上，非常粗暴侮辱人，男人一看就绕道。而且，你想要的30+40岁出头条件尚可的男人，不会出现在这种活动中，这不是他们找对象的方式。如果你没有什么兴趣爱好，或者你的兴趣爱好尽是女人喜欢的（瑜伽、烘焙、十字绣、肚皮舞），建议发动身边朋友使劲给你找，或直接找婚介，把工作中打交道的男人都多看几眼，所有的渠道都要用。

恋爱训练营曾经请过一位“励志姐”来现身说法，上海一位普通女白领，35岁通过朋友介绍找到老公，38岁生女儿，支持老公创业，现在老公年入几百万。她没有什么秘诀，秘诀就是：1.调整了心态，不再焦虑赶着时间结婚；2.看男人的角度变了，相亲时老公就是一普通白领男，按照她以前的相亲习惯一次就咔嚓了。那一次她多给了自己和他一些时间，相处后才发现投缘。

在讲座上，有个女生明显对自己的年龄是很在意的，在单身活动中被男人问及年龄，她回答：“我比你大。”而男人从中得到的信息很可能就是“我们不合适，你离我远点”。有的女生张口就是“我年纪很大了”，有的把比自己小两岁的男人称作“小男生”。你对你自己就不满意，你介意你的年龄，男人怎么会不介意呢？前几天我碰到了以前的女同事，她37岁时在朋友家的派对上认识了32岁一男，他们俩都是瑜伽健身教练，两年后结婚。她和他都不认为女比男大5岁是什么问题。她也不认为一个女人一定要结婚，宁缺毋滥。

如果你都30多岁了，还以为结婚就是当公主，享受男人的钱+男人的照顾+男人的各种包容（貌似干爹），那就趁早别打结婚的主意了，继续上淘宝吧。结婚过日子，照顾家人，那叫辛苦。想舒服真不如单身。

找我咨询的还有这样的30多岁女人：至今从来没恋爱过，对男人没有任何需求，没有性欲，对爱情没有渴望，除了父母催婚，自己对婚姻没有任何向往。工作不错，经济收入高，自己觉得日子过得不错，一想起相亲找男人就头疼。这样的话，请你放过自己，好好享受你的单身生活，人间比男女关系有趣的事情很多很多。至于你父母？你已经30多岁了，再过几年，等你到了38岁、40岁，你父母也就死心了，不死心又能咋地呢？放心，你的好日子就要来了！

## / 女屌丝也有春天 /

说自己是“女屌丝”，是周女士自谦了，她是外企白领。现在已婚有孩，因为别的事情来找我做心理咨询。说起找老公的经历，我发现简直可以给恋爱训练营的女学员们当励志教材，就请她到恋爱训练营来分享，并写下了她的故事。我问她：如果老公后来没有像现在这样事业发达，你还会认为选他选对了吗？她坚定地说：会的。我选他的时候，他就一普通白领，从来没有指望过他有今天的财富。我是喜欢他才跟他在一起的。

认识我老公的时候，我已经33周岁高龄啦！在古老的中国，即便是在上海这座国际化大都市里，一个女子到了33岁还未嫁，看在众人的眼里，意味着大势已去，不过是一条已经砸自己手里的败犬而已。更惨的是，我还不是职场精英，只是在外企做一个小白领，用今天一个时髦的词，就是：女屌丝。就连再好事再八卦的媒婆都懒得替你张罗，也会言不由衷地安慰你说：单身，其实挺好的。其实，人家不过是懒得替你操心罢了。

看到过人民广场里那些为了子女的婚事几乎急得失心疯的父母吗？那些不惜把子女的年龄身高三围年收入统统公之于众的父母，可怜的爹妈啊，为孩子们的婚事把心都给操碎了。我猜要是那帮父母把我的条件列出来：女，33岁，身材样貌一般，小白领，收入一般。估计观众们会一哄而散。开玩笑，这种条件也敢出来现？就这货，能嫁到平头整脸的一手男人吗？

但是当时的自己，却并不着急反而相当笃定。确切地说，我已经过了着急的时候，几乎是死猪不怕开水烫了。我承认，曾经有一段时间，在30岁大限左右的时候，我是很着急地想要把自己嫁掉的。急吼吼地到处相亲，不是人家看不上我，就是我看不上人家，心态大大地坏掉了。后来我反省了一下，我带着一颗功利的心，完全是为了结婚而结婚，唯恐自己嫁不掉的老姑娘慌张之色溢于言表，条件稍像样点的男人，看到你这号结婚狂，恐怕会吓死的啊。

**剩女脱光Tip1：万万不可愁嫁，相由心生，男人最怕愁嫁女**

那时的自己，开始享受自己的单身生活。既然着急上火也没用，干脆就不急了呗，该干什么干什么。下了班跟女友们吃饭八卦喝茶，周末去报个班，学点什么，我的业余生活丰富得很，自得其乐。我已经彻底想开了，不再纠结，非常随缘。男人，有合适的就嫁，没合适的就一个人过好自己的单身日子，过得很自在很逍遥。那时，我老家的一个闺密到上海来看我，她一看到我就问我：你脸上搽什么牌子的粉底啦？怎么皮肤这么好？我哈哈大笑乐不可支，其实我啥也没搽，就是因为日子过得滋润所以才面带桃花嘛。皮肤这东西，还真是以内养外才会美丽，搽什么真心不重要。

而且，那时的自己前所未有地自信。从前几年因为嫁不掉而妄自菲薄的一脸怨妇相，一举进化成了超级自信的自信姐。我那时清醒地评价自己：我虽不漂亮，可我会打扮，打扮起来看着也还行，可塑性很强。三十几岁，正是一个女人最好的年纪。而且，我觉得自己最大的优点是生动活泼幽默有趣，我多可爱啊，日后相处还是靠有趣的性格嘛。我觉得这个比漂亮还要值钱，切，说我老大难，分明是你们这帮俗人不识货，我干吗要妄自菲薄。

**剩女脱光Tip2：过好自己的单身生活，即使周围的人说你老大难、老姑娘，自己也要自信自信再自信！找出自己的闪光点加以发扬光大！相信自己，你，值得拥有！**

不过，虽然我很享受单身生活，但也不代表我心如止水完全吃素不要男人。还是这句话，要积极参加各种活动，同学举办的活动什么的，要多参加。扩大自己的生活圈子，这样你认识男人的概率就大许多，成天上班下班两点一线生活圈子就那么一点，男人又不是毛毛雨，不会自己从天下掉下来。还有，你活泼开朗乐于助人散发着正能量，像向日葵一样阳光，本身就招人啊！

该说说我跟我老公相识的过程了。有一天，我们办公室跟我关系很好的同事的同学到我们公司来，大家中午一起吃了午饭，席间谈笑风生。后来她们单独聊天，我同事无意中跟她同学说起我还是单身，她同学立马说她有一个大学里一起在学生会任职的男同学，也是单身，她正热心替他张罗。两个媒婆一拍即合，当即决定做一次红娘。同事的同学周末邀请我和那位男同学一起去她家打牌吃饭，也没挑明是相亲，只说周六大家搞活动一起打牌吃饭。到时候会有个男生过来，要是我觉得他还行合适了就谈谈，要是看不上反正也只当多认识一个朋友，不要有任何压力。

于是，周末，我描眉画眼拎着水果到了同事的同学家，我记得是我先到了。正谈笑风生的时候，男主角到了，一看就是个斯文木讷正经乏味的眼镜理工男。说实在的，我当时都懒得放电，咳，不就是个书呆子吗？没有一见钟情的感觉。不过，倒也没有恶感，就是一普通男人嘛。于是，一点压力都没有了。后来，大家坐下来一起打牌打得热火朝天，打完牌大家一起吃水煮鱼。我很爱吃重口味的，于是吃了很多。据我老公后来跟我说，他刚进来的时候第一眼看到我，很开朗很活泼的样子，虽然不算漂亮但打扮很得体很时尚很顺眼，身材也很窈窕。后来吃饭，他发现我一个小个子居然比他吃得多（真是太没心没肺太二了），一点都不装，据他说他是第一眼就喜欢上我了。我自己觉得，姐那时的状态就像某品牌洗面奶的广告词：清新爽洁不紧绷！

打完牌吃好饭打道回府，女主人很自然地吩咐我后来的老公送我回家。当时他送我到了地铁站，大家很自然地交换了手机号，然后就回去了。说句老实话，我当时一点没有动心的感觉。回家便洗洗睡了，一点都没有心潮澎湃。

然后到了第二天，他的短信就来了，还有邮件。从那天开始到我们后来单独见面的一个星期内，他每天至少三条短信一封邮件。可以说，当时我喜欢他的短信邮件超过他本人（瞧瞧，我是多么看重一个男人的才华啊），他的短信充满了关切，言辞得体，深情款款，居然还有点冷幽默！这太出乎我的意料了！ 我以为他是书呆子呢。所以，等他提出周末要请我吃饭单独约会的时候，我对他从刚开始的敷衍已经到了迫不及待地想要见到他的地步。小样，有点意思嘛。我得好好重新评价一下这书呆子。

后来的事情就很顺利了，我们一拍即合。我自己也没有想到，我一个对爱情充满不切实际的浪漫幻想的小女人，居然最后会爱上这么一个木讷乏味的理科男。真是遭了报应世事无常苍天有泪啊！

**剩女脱光Tips 3：扩大自己的生活圈子，你清新脱俗阳光亲切，自然招人爱。抓住一切机会，不要排斥相亲，人看人又不会死人，看看怎么啦。相亲就算第一眼没什么感觉，也不要马上就把人家毙了。有些人不擅表达慢热，但只要不是有恶感，还是要试着交往看看，实在不行再回绝人家。**

过了半年，我们两个宣布正式在一起的时候，红娘们都觉得意外。她们终于招认当时连她们自己其实也不太看好我们，觉得我们性格差异太大，一个太活泼一个太木讷。这两人，居然也能走到一起？真是旷男怨女干柴烈火啊！红娘之一我同事看到我当时每天收到很多短信邮件，时不时收到小礼物，甜蜜蜜地下班还有人接去吃饭约会，她几近悲愤地对另一个红娘说：你说他是书呆子不会谈恋爱，我看他分明是情场高手嘛，你我都看走眼啦！她同学苦笑说：真是铁树也能开花啊，人的潜力是可以开发的。

后来，我老公说他喜欢能让他欢笑的女人，他第一眼看到我的时候，觉得我活泼幽默，他跟我在一起觉得开心解忧，正是他喜欢的类型。受了爱情荷尔蒙的激发，他做出了很多浪漫之举，完全是发自内心的。而我呢，虽然很活泼多话，但我一直喜欢温和儒雅的理科男，觉得安心，超有安全感。可见，找对了人是多么重要，特别是找到一个喜欢你欣赏你的男人是多么重要。我们从恋爱到结婚都很顺利，主要原因是两个人互相欣赏。老话说得好，王八看绿豆，对上眼了。再后来，我老公自己开公司，事业顺风顺水，一不留神，居然我也成了众人眼里成功男人背后的女人。并且，在他发迹以后我们还挺恩爱的，实属难能可贵。天地良心，我们刚认识的时候，他就挣个普通白领的工资，房子是租的，乡下还有老娘要赡养。婚后一段时间，我们一度就住在我买的那套只有40平方米的老式公房里。但我觉得，两个人在一起，只要没有恶习是正经人，有手有脚有份职业，过日子的钱总归够了。婚后，我也从没有逼着他去挣大钱，从来没有因钱而有过任何争执，相反，我觉得钱够花就好了，钱太多不见得是好事。这年头男人但凡有几个小钱，女人都上赶着。至于男人日后能不能发达，这个实在难以预料，都是命。我想，就是因为我从来不给他任何压力充分信任他，所以后来我们经济情况大好以后，两个人依然有商有量，彼此视对方为知己，依然愿意分享一切，就是因为他心里知道我对他的态度不会因为他的经济情况而有所改变。我不会因为他穷而数落他低看他，也不会因为他有钱而看他的脸色。一句话，人不可以太势利。

**剩女脱光Tip4：记住以人为本。不要把经济条件，是否有房有车放在首位。找真心喜欢你的男人，哪怕他穷一点丑一点什么条件都可以降低，唯独这一条是底线。很多女人不幸福的源头是喜欢跟不爱自己的男人死磕，瞎耽误工夫，使错了劲。只有跟真心喜欢自己欣赏自己的男人在一起，你才会越变越好，从而良性循环。**

## / 从今天开始都不晚 /

26岁女生初恋，之前父母安排相亲的条件好的公务员国企男她都没感觉，自己认识了个26岁有感觉的男生，他大专学历民企销售，父母反对，闺密们说他不成熟没前途……她来问我："我跟他合适吗？最后会怎么样？我们会结婚吗？"我说："我不是算命的，不能告诉你最后会怎么样，也不能判断你们是否合适，只有你自己知道。如果你是从18岁就开始恋爱的，到现在有过两三次恋爱经验，就很知道自己需要什么人了，不用到处问。"她说，26岁初恋太晚了。我说，不管你是20岁、26岁还是32岁初恋，都要按照事物发展的客观规律进行，不要幻想走捷径一步到位。即使一步到位初恋结婚，也不见得是什么好事，结婚不是保险箱。

我给恋爱训练营学员推荐的第一本书是童话《小马过河》，水有多深，问谁都没有用，自己下水试试就知道了。父母闺密给的意见都是根据他们自己的价值观定的，50后父母认为不是国企公务员就是没有正当职业，闺密认为感觉不重要只要男人前途有保障，可是，你不是他们，他们不能代替你做决定。

26岁还不晚，恋爱训练营有很多30岁、32岁都没有开始初恋的女生，又急着结婚，更纠结。你自己有很多要求（要有感觉）首先滤掉很多男人，如果再听父母闺密的意见，这个不行那个不行，得，没男人啦！

26岁初恋觉得晚的女生走了，又来了一个女学员，32岁至今从未恋爱过，相貌一般，近视镜片厚，从小以为打扮不重要，读书最要紧，有内在美。她说，后来发现自己只会读书考试，工作了也混得一般，收入一般，也没什么内在美，觉得自己很无趣、自卑。

她一直在等待“好男人”从天而降。她说：我想要的男人是谦谦君子，温润如玉（靠，不是人话啊，书面语），可是他们看不上我。君子需要什么女人？《诗经》里早就说了：窈窕淑女，君子好逑。你是吗？

她说，我应该早点认识你们，32岁太晚了。以前接受的是有毒的教育：爱美是肤浅的，会考试就是内秀，矜持被动等待就是淑女，自然有男人爱……我说，不晚，以我45岁的眼光看，32岁很年轻，你有勇气求改变，就很好啊。

我和BOB 的恋爱训练营有很多30岁以上从来没有恋爱过的男女，学历工作长相都不错（不要奇怪，你身边没有这样的人不等于他们不存在），对于男女关系最基本的ABCD都不懂，特别是女生，又有马上结婚的压力，幻想一次恋爱成功结婚。我们的工作是提升他们的能力，减缓他们的焦虑。

34岁从来没有恋爱过的女生（我依然习惯叫她们女生）第一次跟

男人交往，磕磕绊绊有很多问题，记在手机里来问我。她到30岁被催婚了才发现有谈恋爱的必要，之前都专心读书工作。她说，谈恋爱原来这么麻烦啊，我34岁了，能快点吗？

她听我说大部分人从相识到结婚经历一年的时间，说：我34岁了，会比20多岁谈恋爱的人成熟吧，会比他们快一点吧，不用花那么长时间。我说：恰恰相反，你会比她们花更长的时间。20岁初恋的女生碰到的问题，你一样会遇到，而你的挫折感会更强。20岁恋爱很简单，现在你计较各种利益，急着结婚，就更难了。

一个孩子，如果3岁还不会讲话，父母就会很着急了。我有一个小时候语言障碍的朋友，8岁才能流利地讲话，父母操碎了心。什么年龄做什么事，谈恋爱也一样，错过了花期，不要奢望34岁第一次尝试一枪命中孩子他爹。职场和情场两根管道，你工作很好，情场白纸一张，需要付出很多努力经受挫折。

恋爱训练营女学员对男生A有好感，她觉得A在微信上不冷不热，想进一步试探约他出来又怕被拒绝。她32岁，这是她第一次主动约男生，纠结得不行怕被拒绝，天天来问我，在我的棒喝下终于发出了邀请，几分钟后跟我说被拒绝了，还好，没有想象的那么难过。恐惧，是你想出来的！

另有男生B对她有点兴趣，约她出去，她兴趣不大。她问：我该选择A还是B？我说：你根本不存在选择的问题，你跟AB都是一面之交，派对上认识的，出来喝杯咖啡无非也就是多点了解，不要以为这就是在选择跟谁结婚了，八字还没一撇呢。在确定恋爱关系之前，跟谁都可以喝咖啡增进了解，你想得太多太严重了。

亲，这不叫表白，这也不叫爱上他了。这只是我对你有点兴趣，想多了解你一点。萍水相逢的两个陌生人，不要期望一见钟情，爱得要死要活。在确定恋爱关系前，这样的男女之间邀约很普通，可以几个人同时进行，只要你安排得过来。因为你32岁从来没有做过这样的事情，才会把它想得这么严重。放轻松！

## / 有用没用，决定者是你自己 /

上周日恋爱训练营讲座，一对恋爱训练营老学员来分享，他们是第一对（我所知道的第一对，也许还有别人）内部学员之间好上的。害怕被拒绝的男生通过学习勇敢去追求表白，女生也学会了积极配合给暗示，给别人机会给自己机会。看到他们坐在一起还手拉手，真是高兴！

有趣的是，他们好上了不是他们告诉我的，是我推理出来的。有一天，这个男生微博私信跟我说在跟女生交往，问了我一个问题。几个小时后，这个女生也问了一模一样的问题。我恍然大悟！他们说恋爱中碰到了新问题，希望恋爱训练营的讲座能涉及。会讲的，恋爱训练营会帮助我们的学员面对成长谈恋爱中的问题，婚姻中、有了孩子后的问题……人生就是一个问题接着一个问题。西天取经路上九九八十一难，你们还刚刚起步。相爱容易相处难，本周末，好些恋爱训练营老学员上情感教练赵永久的《爱的能力》婚恋情商课，学习相处之道。

讲座还有一个女学员来分享，入营才两个月，她变化很大，找到男朋友了。她31岁，我还记得第一次在讲座见她的样子：黑着一张臭脸（虽然长得不错），因为刚刚在参加“友缘8分钟约会”的时候，被不礼貌的男人怠慢了，她很生气，又焦虑，说“累觉不爱”。恋爱训练营小伙伴自曝伤疤的诚意鼓励，和创意总监Dream温暖的笑容让她感动，她留下来报名参加了恋爱训练营。

恋训两个月，她看到了自己的问题：以前看男人稍不满意就否决掉，没一个看得上眼的。她在“友缘”的随手解拍平台放了征友广告，好些男人加她微信，现在的男朋友就是这么来的。放在以前，看他的头像她就不会去见面，来恋爱训练营后改变了态度，给别人机会就是给自己机会。

两个月前，此女还在抱怨友缘8分钟没有用。现在不这么说了。8分钟约会有用吗？恋爱训练营有用吗？相亲有用吗？婚恋网站有用吗？参加社交单身派对有用吗？有没有用，看你是怎么用的，用什么样的心态去用的！决定有没有用的，不是平台，是你自己！

# 等待fall in love的那个瞬间

不期而遇的困难，不期而遇的爱情，就像张爱玲说《倾城之恋》，城不破（香港陷落日军之手），那对骄傲的男女是不会好上的。

## / 什么兴趣爱好可以遇见未来的他/她？ /

你有什么兴趣爱好？单身女答：十字绣、烘焙、瑜伽，在家追看各种剧，听音乐，看书。好，知道你为什么找男朋友困难了。你喜欢的那些都是很少有男人也喜欢玩的，要么就是宅在家里的活动。不是说那些活动不好，但是，想要结识男人，你必须参与男人也喜欢的活动，拓宽你的活动领域。

你不喜欢K歌，唱歌不好听？没关系，你会鼓掌吗？你以前从来不参加任何体育运动，不会任何球，没关系，男生很愿意教你，你还可以给他们递水递毛巾；你不会骑车，没关系，男生可以教你；你不会……没关系，男生可以教你。太麻烦，不高兴做？你去一对一相亲吧，相亲没感觉？你就单着吧。

有一个女网友不同意我的意见，她说：有这样宅女爱好的女生就一定得剩吗？现在的男人非得把女人逼成女汉子吗？

答：男人就是想找这样的宅女，去哪里碰到她们？跟她们一起十字绣？直接去她们家里（宅女有网上交友达成恋爱的本领除外）？参加男女都喜欢的活动，学习交朋友就是女汉子？你想问题如果这么极端，必剩无疑。

女网友：交友有多种渠道，宅女也会有男生喜欢的，相亲、网络交友、同学圈同事圈都可以，没有必要一定改变自己的爱好和兴趣。

答：我衷心希望宅女能认识到交友有多种渠道，可惜大部分宅女一个渠道都没有！相亲说没感觉，网上都是坏人，同学圈同事圈都是女人。尝试走出去，一通百通，什么渠道都要用。

@红茶格子间：我有几个宅女朋友也结婚了，男朋友就是大家宅在家里打游戏，一个队伍里大家出来讨论怎么打得更好；还有个是大家谈动漫，然后出来和搭子的哥哥结婚了。兴趣怎么样无所谓，关键是要走出家！

@维多利亚卷毛昀：只要长相尚可性格开朗，喜欢这些女性化爱好也会吸引男性。但是要有点可以和男人互动的，做个烘焙蛋糕送给他们，体现一下瑜伽带给自己的柔韧性，男人也会心驰神往。

答：能有这个悟性的女生已经是上品啦！更多的女生是跟女人分享蛋糕，跟女人展示柔软，一只雄蚊子都近不了身。

@不太壮的李豆包：那我去打篮球、打台球、打羽毛球、打网球、钓鱼、品茶……还有啥？主要是我没伴陪我啊。

答：这就是你的误区。不是找已经认识的朋友做你的伴陪你去玩（那些人里没有你喜欢的异性吧），是去加入那些会玩的陌生人，交新朋友。老在熟人圈里打转没希望。

@小呀小芝麻：现在在香港读研，很多人劝我读完就回家工作嫁人，但我自己还想读博，也有点焦虑，身边男博士挺多的，可是好像没人喜欢我。我们内地学生有个圈子，似乎混得太熟了，不会往那方面想。

答：你以为回家工作就可以顺利嫁人了？如果那么多男博士在身边你都不会恋爱，工作以后就会了？

人这一辈子混两个场：情场和职场。如今很多高学历的男女，混职场投入了很多；可是情场呢，很多读研读博了还从来没恋爱过。情场和职场，两手都要抓都要硬，就像油和水，不能互相替代。你的问题不是如何平衡学业和恋爱，而是根本没那根恋爱的筋，不会往那方面想！工作了身边单男就更少了，你会更困难。

@脑残的吴鸣世：以前觉得自己不擅社交，出国肯定会很寂寞。但是现在留在国内，不擅社交还是不擅社交，只能慢慢改变自己。

答：是的。不会恋爱不擅长人际交往，你在国外找对象困难，在国内一样困难。在国内的好处是有很多相亲，可是，你不是说相亲没感觉吗？

女网友：刚刚相亲归来，秉持您的观念，无论如何，起码多见几面，吃三顿饭以上再下结论。答：不要再吃饭啦，做点别的，一起玩，动起来。女网友：好，就是见面不太知道聊啥，今天把专业、大学里发生的事都聊完了。聊了会儿他喜欢的骑行车。答：聊干啦，一起去骑车啊，秋天天气好，烧烤爬山钓鱼……

需要相亲的男女，口才好的很少，一见面就能聊得心花怒放的可能性不高。所以，我和BOB的恋爱训练营提倡：谈恋爱，从一起玩开始。一起玩，就有了谈资；一起玩，放松下来，就能表现出真性情，互相才能了解。亲，迈开腿谈恋爱吧，吃饭咖啡干聊，你不是那块料。

@宁宁无忧526：哈哈，由此可见，自己丰富才能话题源源不断，人家说自行车，我应该会说：呀，我好羡慕会骑车的人呀，可我不会骑，没有人教我，要不我请你做我教练吧，我们去佘山骑好不好，那边车少风景也好，我请你吃农家菜……答：哈哈哈，聪明，下次约会就搞定了！

恋爱训练营女学员问：来恋爱训练营学习后，我也积极参加单身活动，多认识异性朋友。上次活动带了我一同学一起去，哪里知道她处处抢风头，好像很受男生欢迎。我该怎么办？答：你带个女生去单身活动？我是怎么教你的，闺密是桃花运的最大障碍，搞不好是竞争对手。面壁去，不准吃饭！

女网友说：上次一相亲男，叫他一起去骑车，他怕热怕累……答：姑娘，别再喷相亲男了。你跟介绍人提要求的时候，可没有说他必须爱玩爱骑车是个有意思的人啊。你只提了一大堆硬条件。除了相亲自己没有办法认识男人，这是你自己的问题。

有意思的男人在哪里？在广阔天地里。去寻找爱玩爱交朋友的群体，网上有的是，前提是，你是不是那样的人。有那工夫磨牙埋怨相亲男，不如自己先变成一个能不依赖相亲交朋友的人。埋怨背后的心理是——都是别人不好，我没有错。

女网友：网上那些（爱玩爱交朋友）群体在哪里，我怎么都不知道，百度得出来吗？答：百度得出来。你不知道说明你不是这种人。从现在开始寻找、尝试、加入来得及。学会交朋友不单是为了找对象，一个新朋友可能带来一片新天地。看我们BOB大叔，还在发现新朋友呢，最近跟90后一起玩骑行去了，堪称中老年优秀代表。

闺密恋爱训练营女学员问：下周要跟几个单身男女一起去打羽毛球，有什么攻略？

答：

- **关注男人，别只关注羽毛球；**
- **多带一条擦汗毛巾；**

- **留下貌似还可以的男人的电话；**
- **打完球别马上就走，跟个别感觉还行的男生去喝一杯或吃饭；**
- **带身衣服，汗湿了好换；**
- **女生注意妆容防汗；**
- **无论男女即使你是羽毛球冠军，别痛下杀手，醉翁之意不在羽毛球；**
- **男生请彰显“女士优先”的男人风度；**
- **摆正心态，你是去交朋友的，不要期望一枪命中孩子他爹。**

今日测试题

你会玩吗？玩些什么？怎么通过玩结识异性，你有什么经验分享？

@迷糊师太：以前会玩车友会，跟着大部队去自驾游、吃饭、做慈善，自己也组织过自驾游打球集体看电影什么的。后来又参加一个朋友举办的交友活动，一帮子人去轰趴（家庭派对）、唱歌、打桌球比赛，还有结伴自助游去了很多地方，网上被人召集过，自己也召集过人。中外的交友会也去过，和老外四目放电但没有下文。

@老徐Sunny：找机会出去旅行吧，旅行中很能看出对方是否会照顾人，是否有时间观念，是否愿意出力帮忙，尤其是异性间的相处。

@神神道道老板娘：酒吧喝酒，遵循一原则：有人碰杯一起喝才有趣。女孩子的话，有男性友人组织最好啦，想了解哪个就跟组织者透露下，不一定谈感情，跟不同行业不同背景的人聊天会觉得世界很宽。

@陈少茹elly：一般是出去旅游或坐火车认识的，只是活动结束就都不联系了……我想主动，就是找不着借口约人。

@邪恶的猫妖怪：大学和刚工作时是游戏论坛组织活动聚会，别以为死宅和游戏狂不会恋爱，各地活动真凑成好几对夫妇！有共同爱好的勾搭到一起太容易了！哪怕是KTV，有麦霸情歌对唱，也有俩游戏迷抱着掌机联机怪物猎。

@Radioheadache_2010：我和男朋友是在话剧社认识的。

@风里-百合：如果我还是单身，我就会去玩户外活动，这些都是非常热爱生活和自然的人，我喜欢。

@爱米肉丝：以前一直宅着，现在玩户外，学习跳舞，还在摸索中。

## / 给他/她爱上你的机会 /

2013年12月31日深夜，上海街头跨年的几十万男女遭遇地铁公交停运，打不到车，走几个小时到家。正因如此，也促成了恋爱高频率发生。恋爱训练营当晚的《回到上海30年代》主题派对结束后，谈得来的男女一起手拉手走了几个小时，男生送女生回家，好上了！不期而遇的困难，不期而遇的爱情，就像张爱玲说《倾城之恋》，城不破（香港陷落日军之手），那对骄傲的男女是不会好上的。

我常跟恋爱训练营的学员说：参加派对可以迟到，但一定不要早退，真正的派对都是等结束后才开始的，好戏在后头。最忌讳的就是两个闺密一起来，全程黏在一起像连体婴儿。在我们的《回到上海30年代》主题派对上，有一对闺密一进门就问“我们可以坐在一起吗”，我说不可以，结果她们还是坐一起了。她们穿着配合主题的旗袍，款式颜色也都很像，简直就是双胞胎。可是这阵势，是要等两个男人同时上吗？男人要上前搭讪她们，难度实在太大了。

我们的派对头一个小时是破冰游戏环节，然后让大家自由交谈。

总是有男女说破冰环节还不够，还要我们组织更多的互动游戏。我问他们：为什么你们的冰那么厚？你们难道是幼儿园的小朋友，我们不手把手组织你们游戏，你们就不会自己找人讲话了？

经常有人说，遇到的男人（女人）不足以让他们想去搭讪。他们把搭讪的门槛提得太高了——一见钟情。大家都是普通人，很少人的魅力能大到如此。用多认识一个朋友的心态去搭讪，而不是一枪命中孩子他爹（妈）。如果在单身活动中，你遇到了让你一见钟情的男人（女人），你敢搭讪吗？——不敢。因为喜欢他/她，更不敢，希望他/她主动上来搭讪我。——好，回家洗洗睡吧。

一见钟情的概率只有5%。不要把全部的希望都押在一见钟情上。把搭讪的门槛降低到认识一个异性新朋友，仅此而已，从陌生人变成熟人、朋友、可以谈恋爱的人。不可以谈恋爱也可以当朋友，增强自己结交新朋友的能力，在交朋友的过程中等待坠入爱河的那个瞬间。

## / 邂逅 /

我是一个地铁族，不会开车，喜欢走路、坐地铁，纽约、伦敦、东京的地铁我都坐过，是了解这些城市的最佳窗口。我家在上海，日常的地铁轨迹是2号线：娄山关路—南京东路，经常在其中的站点出入。如果你碰到我的话，会来跟我打招呼吗？如果你遇到了一个有眼缘的异性，你会跟他/她打招呼搭讪吗？韩国电影《我的野蛮女友》中全智贤和车太贤就是在地铁里相遇，一段情缘，在偶然间开始。

我很喜欢的一个跟地铁有关的英国电影 *Sliding Door*（《滑动门》，或译《双面情人》），故事是：公关经理海伦（Gwyneth Paltrow 饰）某天早上遭遇了失业的打击，她满怀失落地走向地铁，命运就在滑动门的左右发生变化。1.赶上地铁的海伦回到家发现男友劈腿，劳燕分飞。为了迎接新的生活，海伦改变了发型，在电梯间邂逅了富有魅力的男子詹姆斯。新的恋情悄然开始，她得到了真爱，虽然最后死在爱人的怀抱中。2.错过地铁的海伦也错过了男友与情人欢愉的场面，他们的恋情仍在继续。男友小心周旋在两个女人之间，却难免有败露的一天。滑动门机械地一开一关，命运随之悄然改变。

看影视剧女生都很喜欢邂逅的浪漫桥段，转角遇到爱，看得心潮澎湃，可是落到自己身上都会害怕。情人节有一对来跟我心理咨询的情侣，他们是在大巴上认识的！他们同在一个城市，外出返乡坐上了同一辆大巴。本来他们也都没有习惯在车上跟陌生人聊天，因为凑巧挨着坐在最后一排，男的在iPad上看《美国达人秀》，女人凑过去看，就这么聊上了。

几年前我收到一封邮件，是个女生写来的，她说："你不认识我，我认识你。我结婚了，跟你的鼓励和帮助有关。"原来，一年前她给我写邮件，说她坐地铁上班经常遇到一个男生，同站上同站下，应该是在同一个地方上班的，感觉颇有眼缘，但是她不敢上前打招呼，男生也不主动。她纠结了很久，写邮件问我："我可以主动去打招呼吗？"我当时随口回了句："去吧，打个招呼又不会死。"她去打招呼了，他们认识了，他们成了朋友，他们谈恋爱了，一年后他们结婚了。我实在没想到，一段地铁邂逅情缘，就是因为我小小的鼓励促成了！

有人要问：如果他/她是已婚的呢？如果打了招呼人家不热情怎么办？如果只能当朋友怎么办？如果……我的天啊，不就上前打个招呼吗，要顾虑这么多吗？只能当朋友不够好吗？已婚的不能当朋友或者饭搭子吗？即使人家不热情，你又有多大损失？

"每个人心中都有一座地下铁，通向一个叫作希望的出口，然而，为了爱，他们却在拥挤的车厢迷失方向，不断地坐错车，一再下错车，常常迷路，常常失落，常常受伤。"在幾米的漫画中，地下铁也带着一丝忧伤，梁朝伟、杨千嬅主演的《地下铁》充满幸福的曙光，剧中的海约虽然是个盲女，却依然不停地寻找着心中隐约的光亮。

你坐地铁的时候习惯做什么？是不是低头刷微博、看iPad，或者塞着耳机听音乐？如果是这样的话，你就不太有可能邂逅，你是既听不见又看不见身边的人。我坐地铁的时候喜欢看人，像侦探一样从他们的衣着打扮言谈举止中判断他们的身份；我喜欢竖起耳朵听旁边的人讲话：情侣甜蜜的私语，同事议论上司，家人聊家事，对着手机冲对方吼叫……中国人喜欢讲缘分，什么是缘分？我的解读是：上帝给了你一个机会，而你紧紧抓住了它。地铁邂逅，有何不可？

## / 万人相亲大会，你会去吗？ /

@上海日报【万人相亲会明起接受报名 年龄上限放宽到60岁】单身节临近，独身的你是不是愁着没节目呀？11月9日至11日，上海市第四届婚恋博览会将在青浦赵巷举行。本届相亲会最大亮点还属年龄限制放宽，只要60岁以下，所有适龄、适婚单身男女皆可报名。

60岁以下？万人？呵呵，这样的相亲大会你能相到什么人？越是不设门槛，越是人多，越是乱，越是杂，越是牛头不对马嘴。最有效的集体单身相亲活动是200人以下，性别比例平衡，各方面背景接近，筛选过的。这样的万人相亲就两个字：瞎搞。

一个女生说去年她去过赵巷的万人相亲，和几个闺密一起去的。怎么样？跟几个男人交谈过留过电话？零。那还不如去农贸市场呢，好歹也能带捆青菜回来。

那次万人相亲大会不久之后，我在人民广场地铁站，看到几个男生互相问：你去万人相亲大会了吗？怎么样？去过的人答：不怎么样，人爆多，累死了，逛了一圈就走了。问：跟几个女生聊过了？答：一个都没有，没有什么特别有感觉的，拿了一堆资料就走了，跟房产中介的传单一样。问：你跟那上面的女生后来联系过没有？答：没有。

我去看过万人相亲大会。万人？那可不就跟人民广场地铁站一样吗？你要是能在万人相亲大会找到对象，那么在人民广场地铁站也一样能找到。试想一下：你能在万人相亲大会逗留多久？两三个小时？你能在那段时间里跟几个异性认识？什么样的人能叫作一看就有感觉？你期待遇到金城武、林志玲？有感觉又怎么样，你敢主动上前搭讪自我介绍吗？我看到的景象大多是男生女生一张张迷茫的脸，如果主办单位没有费尽心力安排互动游戏，这些年轻人是不会有交集的，甚至游戏都要工作人员生拉硬拽。

那次万人相亲大会，据报道有三成是80后的50后父母们，条件好一点的男生便被老阿姨们围追堵截，有个特别与时俱进的阿姨问一貌似高富帅男："你条件这么好，怎么会没女朋友？你真的是喜欢女人的吗？"

我们国家搞什么玩意都喜欢人海战术，从奥运会到相亲大会，都貌似政绩工程。一万人有什么用呢，你在两三个小时内又能真正接触几个？其实，最有效的社交活动，能保证参加者互相都认识的是60人以下的小规模活动，男女比例各半，而且不能期望一年两次就能有什么成效，得成为一个常态，在固定的场所每周都有活动。陌生人成为熟人、朋友、恋人需要时间。

我和BOB跟随亿派国际攻读美国舞蹈心理治疗师课程，恋爱训练营换草派对（跳SALSA舞）现学现用。现在单身派对都是女多男少，换草的意思就是女生必须带一个"不是我的菜"，但是可以推荐给别人的男生来，这样性别比例平衡，大家都多了选择。我们的美国老师Joan饶有兴趣地观摩全过程，感慨如此体面的白领没有社交能力，从动作中就能看出缺乏男女交往的经验。

第一次见面聊什么，很多人除了工作就没词了。我跟BOB设计的环节，第一轮舞，聊姓名年龄工作；第二轮舞，聊兴趣爱好，有什么可以一起玩的；第三轮舞，你是哪里人，自己住、跟人合租还是跟父母住，家庭背景；第四轮舞，通过跳舞感觉一下他/她有多少恋爱经验，性格如何；第五轮舞，下次见面去哪里。

为了让他们互动，我和BOB精心设计了很多环节，Joan说像是指导幼儿园孩子。我们说没办法期望他们跟美剧里一样拿杯酒主动跟陌生异性聊，有那本事也不必来了。设计环节：第一轮舞，男选女，女生不得拒绝；第二轮舞，女选男，男生不得拒绝（某女生特意要求加入此环节，因为如果她心仪的男生没有邀她，她也不敢主动邀他，我们的姑娘从小被教育要矜持）；第三轮，自由选择，可以拒绝，好嘛，没人上了！有些人就退到墙根不动。

被拒绝到底有多可怕？你会失去什么？跳舞你都怕被拒绝，还敢恋爱吗？两个被拒绝的女生在派对结束后跟我说如何沮丧，可是另一个也被拒绝的女生却说那又怎么样，她又去邀了另一男。

@迷糊师太：自由选择的时候，我感兴趣的男生，别人动作比我快了点，然后我就没方向了。不是我不主动，只是我比较单一，一场聚会只喜欢一个。

答：找舞伴而已，不是上花轿，不用那么专一，增加你的弹性，弹性大了，机会也就多了。

@一T一世界：我觉得单身派对很好玩，模拟了社会上各种人与人交往的事实。BOB说得很对，你不主动，跑得比人家慢，就只能剩着，派对上就是这样，你看着A希望人家来牵你，结果B把A牵走了，平时习惯等待的人就必须做好喜欢的人被别人拉走的心理准备，不要说没遇到对的人，遇到了你也不会珍惜。

# / 把你的玻璃心练强大点！ /

今天我收到一个问题。女生问：年底派对扎堆，如何在派对上迅速了解男生情况还不尴尬不像查户口？对某男有好感如何引起他注意，并在派对结束后有单独见面机会？否则派对人越多越无效。

我在微博上发了这个问题，马上就有网友回复了：

@木开Kai：聊旅行计划，聊健身心得，聊最近碰到的好玩的人或事，这三项聊完，基本对方的经济情况和生活情趣都知道了，聊得入港，就可以顺理成章“下次一起去干啥”，交换手机电邮了。

@想逗号想：迅速占领有利地形，通过身边的人介绍，找个icebreaker（破冰方式）自我介绍。

@锦葵Doris：首要步骤是对有好感的男生保持微笑和亲和力。在活动快要结束时，告诉大家，自己拍了很多活动时有趣的照片，回去可以发给各位。这样就可以顺利要到他的联系方式了！

@幸福玛丽娅：如果大部分女生都羞羞答答，等待男生主动看到自己，而你能主动上前微笑大方简单介绍自己，讨要电话号码，那已经足够让他注意到你了。不查户口，那就聊聊工作、业余兴趣爱好、休闲生活、远大理想和梦想，这些信息中已经包含很多要查户口的信息了。记住，为显得自然，你必须也得说自己的，这是平等。

@叫我小孩儿：找一个离他比较近，他目光直视能看到的地方站好。一直看这个他，等他一抬头看见你的时候就冲他温柔一笑。或者，看他一曲结束就主动去问要不要跳舞。跳舞时注意目光交流。哈哈。亲身试过，有效。

@普洱龙少：两句话“你家在哪儿”“顺路哦”！搞定，派对后就可以理所应当地二人独处了！查户口的情况也在回家的路上来搞定。

@彭智刚：聊天不是说自己，就是说别人。所以多先说自己，引导对方也说他/她自己。要是对方不开窍，不说自己，就说“我都说了自己这么多，你也说说你吧”。例如，如果想知道对方的学历，就要讲自己在学校的生活，然后让对方讲他/她在学校的生活。

@青小青囡：微信朋友圈已经快和QQ空间一样了，全是转发的帖子或者随手拍的风景照吃饭照自拍照。争取现场多聊几句，不刺探物质不炫耀自己，有情商的人会领会的，也遇到过问我年龄然后扭头就走的，这种人走了也好。抱着锻炼说话能力的目的，也许在这种场合收获更多。

@哎哟余小姐呀：大方发短信给男生，说我觉得你不错希望能深入了解。性格好的男生即使不喜欢你也不会不尊重你，性格不好的男生不要也罢，无所谓。

我请上海“友缘8分钟约会”的负责人Michelle来恋爱训练营做讲座，跟单身男女分享如何有效利用类似8分钟约会的活动，应该持什么样的心态。

**▶ 首先，你是来找一个跟你层次差不多的人，为了以后可以**

**走向婚姻，你不是来找电影明星和高富帅、白富美的。需要来单身联谊相亲活动的男女，都是中小白领，条件说好不好，说差不差，跟你一样魅力有限，眼光却很高。Michelle说到有些女生签到的时候往里面扫了一眼，就说“不灵的，没什么好的男人”，然后就走了。连聊几句都不肯，你怎么就能知道里面的男人灵不灵呢？单看外表就下判断，你是星探来找男主角的吗？**

- **好好打扮一下，以最精神抖擞的外表示人。Michelle说有的女生感觉穿着睡衣就来了，头发乱蓬蓬的；有的男生的大汗衫都陈旧走型松垮了，完全不修边幅。**
- **打破条条框框，不要端着你想象的“模子”去单身派对里套人。**
- **参加单身联谊派对最关键的是心态，以开放的交朋友的心态热情积极地跟陌生人说话，主动留联系方式，感觉还不错的过几天就可以再约出来见面，先交个朋友，慢慢看有没有感觉进一步发展到恋爱关系。**

Michelle的“友缘8分钟约会”搞了六七年，最近又开设了高端场。她在微博上说：所有活动，无论高端还是普通，无论何种形式，男女总是互看不中，回来后网上都来找我抱怨对方自我感觉太好，不主动之类的，这个问题如何解决？

人群中总也少不了喜欢抱怨“都是他/她不好，都是他/她们不好”的人，那就让他们继续单着继续抱怨吧。做教练的、做老师的、做活动组织者的，都要抱着一颗 LET IT BE 的心。我经常说：我能力有限，只能帮到愿意积极改变从我做起的人。

@飞云雁：有些人自我意识强，受不了别人无视自己，希望受到重视，所以一旦不被重视老爱说对方不好，我也有一点，到人多聚会的地方去，如果别人不主动搭话我也很难主动的，会觉得丢面子。

答：哈哈，那些主动跟你搭话的人，自我意识是多么不强啊，又是多么不要脸啊！

@霖熙妹妹：已经不是单身的真心回答：态度决定一切！只要态度端正、心态平和，无论大小相亲活动都有用！

- **让更多人认识自己、扩大圈子，所以即使相亲活动总是女比男多也不要介意相亲。**
- **帮助自己更客观地评判自己在婚姻市场价值、清楚自己的定位。**
- **看到别人的蠢思维、笨行为，就是看到自己犯蠢的时候。**
- **集中接受鼓励、赞美和殷勤，增强自信。**

问：吴老师，听了你的话，我也尝试去参加各种活动。我鼓足勇气去跟陌生人讲话，可他们不是很热情，我就感觉很挫败，觉得主动也没有用。

答：别人不知道你是鼓足勇气的，别人不是我，不是你的情商培训师，没有义务对你热情！

你在恋爱训练营受到的无条件的接纳和鼓励，不要奢望出了门别人也一样对待你。每一次挫败都增长你的能力。你以为我和BOB很会社交，是因为从来没有被拒绝过吗？呵呵，我们只不过是挫败太多次了，脸皮厚了而已。别人不热情你就灰心，你的情绪将一直受制于他人，把你的玻璃心练强大点！

学员反馈：以前去“友缘8分钟约会”，和很多人一样抱着一枪命中找男友的心态，不合适就否决，都没收获。通过恋爱训练营三个月的学习，想用新的心态去看看。参加了高端场，正如你说的，我觉得我是怪咖了：80%的女生，全场40个男生一个也不加联系方式，都看不中。我加了15个，都可以先交个朋友。

看一眼就决定合适不合适，正是大部分不断相亲不断失败的男女的通病。这种心态是正常的，恋爱训练营的目标是把学员教成“不正常”的——能以广交朋友的心态参加类似活动，了解认识一个人需要时间。

@米果儿：有女性朋友在QQ上抱怨相亲见不到合适男人，或家里有钱但没上进心，或挣得没她多在上海没房子，或其他条件都满足但身高不够还太丑；抱怨身边都是外地人“硬盘”。推荐她关注你和恋爱训练营，她表示“这种东西没用”。

有些人特别喜欢说“没有用”：朋友家人介绍的相亲，没有用；类似8分钟约会的团体相亲活动，没有用；婚恋网站，没有用；参加兴趣活动，没有用；婚介机构，没有用；同学会，没有用；单位内部的联谊活动，没有用……真相是，你自己没有用啊！

## / 公司能为员工找对象吗？ /

在上海的万人相亲大会、各种各样的单身交友活动中，你常常可以看到以企事业单位为名义的团体，比如宝钢男、电气男、交行女等。白领单身男女找对象困难已经成为社会共识，一些有先见之明的企业把给员工找对象当成提高生产力的重要手段。比如，马云就很提倡阿里巴巴的员工肥水不流外人田，他还经常出席员工的集体婚礼。我去过杭州阿里巴巴的某个片区给员工做培训，那个地方远离市中心，一色儿的年轻人，住在公司附近的宿舍，有点集体农庄的感觉，跟外界没啥交流，如果不是内部解决，他们的婚恋问题还真困难。

有很多企业禁止员工之间恋爱结婚，一旦被公司知道了其中一个必须离职，美其名曰怕影响工作，一些情侣甚至夫妻用隐瞒的方式应对这种苛刻的要求。有些企业主还希望员工都是单身，无牵无挂，可以无休止地加班。但是他们忘记了，人有七情六欲，不是永远马力十足的机器，年轻男女需要爱情需要性需要家庭温暖。

去年上海浦东陆家嘴多家金融企业携手搞“上海一圈”，搭建陆家嘴金融行业男女的社交平台。一个银行的老总说，他很清楚不解决员工的婚恋问题，他们跳槽的可能性很大。我和恋爱训练营共同创办人BOB一起去“上海一圈”给他们做活动，金融圈也是女人多，男女比例3：7，男生比女生更害羞。有人说要把张江男引过来，可是傲娇的陆家嘴金融女还看不上只会人机对话的木讷张江男。后来“上海一圈”也没再办下去。

时光退回30年前，在上海的国营企业，解决大龄青年婚恋问题也是党团青工妇的工作之一。那时简单，钢铁厂和棉纺厂搞搞联谊，一起跳跳三步四步，成功率很高。如今很复杂，硬性条件对了还要有感觉，职场精英被贴上了“知性”“深沉”“内敛”的标签，其实是低情商，对工作的投入和忘我使得他们面对男女关系更“困惑”“迷茫”“恐惧”和“忧郁”。

我和BOB创办的恋爱训练营，就有很多这样对感情困惑的职场精英。有个30岁单身女学员写学习体会：一直以来，我关注事超过关注人，在职场氛围中，更加习惯了对事不对人，遇事三思后行，尽量不表露自己的喜怒，慢慢对他人的感受变得迟钝和冷漠，不再把人当成有血有肉有情感的生动个体。平常我很少注视别人的眼睛，观察他们的一举一动。现在我可以理解到因为自己没有去关注“人”，所以别人也感受不到我的关注，从而在沟通上出现障碍，无法及时预判和跟上对方的反应。

人生在世，主要混两个场：职场和情场，很多人没有意识到这是两个不同的场，想要混得好，需要的能力不同。很多人（特别是男人）以为职场优秀，挣钱多，自然情场得意。

| 职场优秀 | 情场优秀 |
| --- | --- |
| 收入高 | 收入高，舍得为对方花钱 |
| 学历高 | 相貌好，男人帅女人美 |
| 头衔高 | 有个性魅力，幽默风趣 |
| 单位名气大 | 有性魅力，女人风情万种，男人有电眼 |
| 职业属性社会地位高 | 性能力强，床上功夫好 |
| 见多识广 | 善解人意，好相处 |
| 人脉广 | 细心周到，温柔体贴 |
| 执行力强，效率高 | 生活内容丰富，有情趣 |
| 有职业规划 | 有时间陪伴 |
| 同事关系好 | 恋爱经验丰富，懂异性 |
| 有领导力，敢做决定，强势有担当 | 忠诚 |
| 职业有可持续发展前景 | 情感充沛，懂得表达感情 |
| 职业素质好，理性，不感情用事 | 耐挫力高，被拒绝、失恋不气馁 |

除了“收入高”，职场优秀其他的元素都无法平移到情场优秀里使用，甚至某些职场优秀的元素，如“强势”“讲效率”“理性，不讲感情”放到情场里都是有害的！情场就是个不讲效率，不讲道理讲感情，不能强势的地方。谈恋爱是私事，公司不能代办。公司能为员工提供的方便是：1.少加班；2.允许员工吃窝边草；3.HR工会把员工组团送到外面的交友机构去。

## / 婚介能帮你什么，不能帮你什么 /

单身男女如今找对象难已经成为社会共识，工作忙压力大，社交圈狭窄，很多人身边一个熟识的单身异性都没有，不得不求助于婚介机构。而婚恋网站、婚介机构的红火也正说明了这一刚需。然而，一说起婚介，很多单身男女都疑虑重重，婚介机构良莠不齐，婚托更是恼人，婚介靠谱吗？

恋爱训练营讲座《如何使用婚介——婚介能帮你什么，不能帮你什么》请了我们隔壁邻居——同在中福大酒店的红燕婚介所平老师答疑。大家的感悟如下：

- **如今大部分人都需要婚介、婚恋网站、相亲，不再是以前条件特别差的人才需要，抛弃成见，不要用“沦落”来形容使用婚介。**
- **婚介只能在硬条件上帮你匹配，脾气性格是否合适，有没有感觉需要你自己去尝试。**
- **跟红娘提要求时不要用形容词：比如男人有责任心、上进**

**心、不花心；女人要温柔贤惠体贴……这些深层次的元素，不是婚介所红娘可以知道的，她们没跟他们谈过恋爱，她们只能通过跟客户的面谈对他/她的脾气性格有个大概的感受，不可能知道你们三观是否一致。**

- **女生要适当主动，对感觉还不错的男生要积极回应。平老师的一个女客户见了四个男生都不中意，结果说还是对第一个感觉最好。平老师纳闷那为什么不交往？女生说男生约了她两次，她碰巧都有事不能赴约，后来男生就不再约了。她以为男生对她没兴趣了。平老师赶紧把这个信息传递给男生，他们才又联系上了，进入了恋爱期。如果没有平老师的细心，这一对就黄了。红娘某些方面在做着和我的恋爱训练营一样的事情，教客户怎么经营男女关系，还帮忙穿针引线。**

定位不清要求太高，是很多人老也找不到对象的原因。现场我让男女模拟当平老师的客户，一女31岁，销售，本科，月入两万，面容姣好。这么好的条件为什么找不到对象？一听她对男人的要求明白了：收入必须是我的翻倍四万，年龄可以放宽到45岁，学历可以只有大专，可以离婚有孩。平老师意味深长地说：可能钱满意了，其他你都不满意。我对女生说：钱满意了，可能你最不满意的是嫌他太土没品位没情趣，前妻和孩子太麻烦，也可能嫌他肚子大头发少或者半身不遂。用钱拉出一条生硬的底线，选择面就一下子窄了，那就是不给自己机会。

有人抱怨婚介太直接、没感觉。婚介、家人朋友介绍的相亲都是很直接的，都是从条件对等门当户对开始的，想找感觉要靠自己去找。你为什么需要婚介？不就是因为靠你自己不行吗？恋爱训练营有一个女学员，暗恋一个男生四年没表示过，人家一无所知。你有多少个四年呢？靠你自己需要多久把一个陌生人、同事、普通朋友转化为恋爱对象，需要多久你才能知道他的月收入、家庭背景？需要多久才能达成一次约会？而婚介至少帮助你完成了见面前的所有工作。正规的婚介要查看客户的身份证、户口本、工作证明、收入证明，有房子的还要房产证，至少保障了相亲对象的真实性。如果你自己在单身派对上认识了一个异性，对他/她有好感，要多久才能搞清楚这些基本信息？

找到正规的婚介机构，他们帮你推荐条件相当的异性，恋爱还得你自己谈。

顺便说一句，大型相亲网站世纪佳缘、百合网、珍爱网都有线下的正规婚介服务。

## / 喷相亲对象有意思吗？ /

看到很多男女喷相亲对象，我就想问一个问题：不依赖相亲，你自己能找吗？能把同学同事蓝颜红颜变成恋爱对象吗？能交新朋友吗？能让你喜欢的人也喜欢上你吗？懂明示和暗示吗……都不会、不懂？别人不主动，你打死不主动。那你还喷相亲对象埋怨介绍人，有人给你介绍就不错了，吃力不讨好的事情。

昨天谈了一上午如何走出家门结交新朋友一起玩，从中找到意中人。女网友说：上次一相亲男，叫他一起去骑车，他怕热怕累……姑娘，别再喷相亲男了。你跟介绍人提要求的时候，可没有说他必须爱玩爱骑车是个有意思的人啊。你只提了一大堆硬条件。除了相亲，自己没有办法认识男人，这是你自己的问题。

需要靠相亲找对象的人大都长相中不溜儿，收入中不溜儿，家境中不溜儿，不善言辞不会表达，要挑毛病实在太容易了。我让喷相亲对象的女生列两张清单：一张是她要求的男人的完美清单，一张是她在男人的完美清单里有多少个叉叉。估计两张清单对照后答案是：一个人过挺好的，谁也看不上谁。

我们真的有很多人可以挑选吗？北京情感教练赵永久做了个很有趣的比喻：如果50个男女遭遇船难流落到一荒岛上，25男25女，他们能成多少对？大概没多久25对都成了！而生活在城市中的男女，结婚前真的会认识25个异性供挑选吗？绝大部分人都没有，我们生活在所谓的信息孤岛上。

有意思的男人在哪里？在广阔天地里。去寻找爱玩爱交朋友的群体，网上有的是，前提是，你是不是那样的人。有那工夫磨牙埋怨相亲男，不如自己先变成一个能不依赖相亲交朋友的人。埋怨背后的心理是——都是别人不好，我没有错。

介绍人除了是你的好朋友，对你们双方都很了解，在心里掂量过你们各方面的匹配度，其他的亲戚、不太熟的熟人、婚介机构等只能在硬条件上做匹配，没办法知道你们是否三观一致，不知道他是不是妈宝男，不知道她的个性。所以相亲没感觉，牛头不对马嘴很正常，能过第一面的只有15%左右。自己没本事才需要相亲。

世纪佳缘做过一个统计，上海是相亲成功率最低的城市。相亲是一种简单粗暴的方法，是基于硬条件的匹配，现在男女都想要“有感觉”，自己找的能力又低下，严重依赖相亲，相亲的感受差，成功率低。这就是眼高手低的典型生态。我曾给婚恋网VIP客户红娘做过培训，关照客户心理需求的高级服务年费两万以上。

不想去相亲，就要自己长本事。我微博的评论里有个女生说她历经了近100次相亲找到了现在的老公。100次啊！百里挑一，能忍受到100次，消化掉那么多尴尬和挫折，也很牛×了。我问她，如果老公是第10个相亲对象，能入眼吗？她说不会，她也是在一次次的失败后调整了自己的要求和心态。

## / 你可以追求任何人，你可以拒绝任何人 /

问女人：如果你对一个男人有好感（前提是不知道他对你啥感觉），你会害怕让他知道吗？因为这个害怕，你会怎么做？有很多女生因为害怕就故意扮冷脸、扮哥们儿，甚至还有给他介绍女朋友的！结果，你演得真的很成功，他就以为你讨厌他，或者跟你介绍的女朋友好了！

这都是脸皮薄、自卑、恋爱经验少的女生的作为，把矜持演过了头。怕他看出来？你的目的不就是希望他看出来吗！让他看出来你的意思，但是不说出来，等一等看看他啥反应，没反应就拉倒，有反应就接招。

@凤小离：囧。这些都是中小学生的招数。成人还真有这么干的？回回炉吧。

答：成人的年龄，中小学生的心理年龄，这样的男女实在太多了，所以我和BOB会办恋爱训练营。之前我也没想到，这个还要教！可就是那么多的男女不会，还都是学历职业收入都不错的。一片蓝海在眼前。

@忙装修希望能瘦的刀切馒头：我老公就是一个朋友介绍给我的，当时我还很奇怪，跟她没有熟到可以热心撮合我们的地步啊。结果我跟老公一见如故，很快确定了恋爱关系，这朋友却跟我俩都断交了。

答：哈哈，她其实暗恋你老公。

女：我的态度是，他不主动追我，肯定不喜欢我，男人都不主动，我不会贴热脸。

答：有无数个恋爱“砖家”的“圣经”告诉你女人一定不能主动，否则就掉价了。非但不能主动，还要搭架子提高男人追求你的难度，说是这样男人才稀罕你。这些“砖家”没告诉你的前提是，这样的女人，一定是年轻貌美追求的人一大把。如果你是长相一般，工作一般，什么都一般的小白领，年龄30岁上下，还好把不主动奉为金科玉律，你就悲剧了。

问题是，就算他主动追你喜欢你，你就一定也会喜欢他吗？不一定吧。所以，如果一定要男人喜欢你，然后你再从中选你喜欢的，那么你得到爱人的概率就很低了。谁先喜欢谁无所谓，女人不要贴热脸，但要示好，要引起男人的注意，要吸引他来追求你，怎么办？来恋爱训练营学习。

@啦啦拉summer：我觉得很多人纠结的不是让他看出来，而是看出来之后没有反应。那时候到底放弃好呢，还是觉得自己暗示的方式不对，再进一步暗示下？其实就是不甘心，怕失败。宁愿不暗示，也不愿意承认他对我没感觉。

答：是的，很多人把对方拒绝=我不好（彻底否定自己），因此害怕。亲，你不是人民币，不会人人都喜欢，但是不等于你不好。情场的游戏规则是：你可以追求任何人+你可以拒绝任何人。心理不够强大不能接受这个规则的人，勿入情场。

问：对方有女朋友的呢？

答：不怕被拒绝就去试，准备好被拒绝率95%。

@来自平行世界的我：唉，就是不知道失败的话以后能不能继续当朋友了。前男友就是比较好的朋友，相处后不合适，他就再不联系我了。

答：男人女人已婚未婚都可以当你好朋友，少了他一个有什么了不起呢？错过了一个爱人，那才可惜呢！宁可错杀一千，也不放过一个。

如今世道变了，男人也害怕被拒绝，玻璃心碎一地。

女：活动中认识一男，然后QQ上男表白，却迟迟不约我出去。我对他的印象一般，没热烈回应。一个月后，男人在QQ上说："算了吧，我们不合适。" 我怒了："你还从来没约过我呢！"

@红茶格子间：我还遇到过更搞笑的，在一次聚会上一男人先是和我寒暄一通，然后突然"质问"我："你怎么还不问我要手机号码！"神逻辑！我彻底无语。

男：我喜欢的和喜欢我的，我应该找谁下手？

答：这就是不会谈恋爱的人问的傻问题，永远都是非此即彼，你不能两个都下手都接触看看吗？男女关系是动态，你喜欢的她不一定喜欢你，喜欢你的接触下来你也许会喜欢上她，走一步看一步，随时调整。女生同理。

我爱的名花有主，爱我的惨不忍睹。这是恋爱游戏中最常见的情景。为何？我细细琢磨了下，其实我们都幻想得到那个远远高于自己的攀不上的异性，想要好东西。在跟某一个异性确定恋爱关系前，多一些备选，无论是你喜欢的，还是喜欢你的，都尝试接触一下，互相熟悉先交个朋友。你的喜欢很有可能是因为不了解他/她而盲目产生的，了解多了却不喜欢了；反过来，喜欢你而你没感觉的，也可能了解多了后你也喜欢他/她了。世事无绝对，相信一切皆有可能。

## / 在开口说话之前，我们都是以貌取人 /

恋爱训练营马年伊始新开了《马上变靓》时尚课堂，让学员内外兼修。因为在开口说话之前，我们都是以貌取人。

一个女学员的小感慨：今年年会，大老板两次跑到我跟前夸我漂亮更会打扮了，还有N多同事夸我漂亮——真的是N多，几乎每个见到我的人都在夸我。我之前真的是低估了别人对形象的感知力。而我只不过早起画了淡妆，又穿了上次恋爱训练营沪漂单身派对上穿过的那条裙子而已。这很大程度上得益于在训练营的环境中走出了自己的舒适区，又学到了一些技巧。我过去一个月的改变大概比之前一年都多：第一次戴隐形眼镜，第一次打耳洞，第一次化妆上班，尝试之前不敢尝试的颜色和衣服……

恋爱训练营一些女学员的不修边幅不讲究，让我很吃惊，想不到在时髦的上海还有这么粗糙的80后女人：穿无袖衣不剃腋毛；内衣是从三轮车上买的5元10元便宜货（我七十几岁的老妈都不待见的）；从来不穿高跟鞋；毛衣起球；相亲时卷起毛衣袖口就露出棉毛衫；头发乱蓬蓬，从来不去发廊，对着镜子自己剪；从来不化妆，说化妆伤皮肤……而她们都是高学历月入过万的女人。究其原因首先是家庭教育，50后父母把打扮爱美视为资产阶级思想、不正经，从小压抑女儿爱美的天性，不许打扮专心读书。其次，她们上大学、工作后，也只和跟她们一样不爱打扮的女生玩，没有意识到自己的缺陷，并自诩为“女汉子”。

恋爱训练营跨年派对旗袍秀，要求女生都穿旗袍，对很多女学员来说是平生第一次，我陪她们去买、租旗袍。一位名牌大学硕士女惊呼：原来做女人还有这么多讲究啊！ 女人为了要嫁出去，要费这么多功夫。我说：你错了，爱美是人的天性，身为女人爱美爱打扮首先是愉悦自己，而不是单为嫁人。

香港TVB真人秀纪录片《盛女爱作战》播出后很轰动。其中39岁的Flora让我印象深刻，不修边幅，约会不肯化妆梳头，穿男人的格子衬衫，视觉年龄比39岁还老很多，说男人能接受她的素颜才是真爱。而她要的真爱一定是40岁帅哥，不能有肚子秃头。剧组千辛万苦找了个经常上健身房的40岁帅哥，有几分像吴彦祖，Flora 对他很中意。而帅哥……不说，你也猜得到，他想要嫩模。Flora学历高收入高家境好，只在29岁谈过一次恋爱，她在男女关系上的人格成长一直卡在少女期。她以为我不要求男人有钱就是真爱了。这样的39岁女人我在咨询中也碰到过，她们设置双重标准，看重男人的长相，不许男人在意自己的长相，把自己当公主。

恋爱训练营做过主题讲座《相亲穿什么》，什么人穿什么衣服，衣服是人的第一张名片。我给学员的参考意见是：

- **穿像你的衣服**。**不需要穿成另外一个人**。
- **穿成更漂亮更精神的你**。**比日常生活装高一个档次，但是**

绝对不需要穿得像去赴时尚派对。注意相亲的场合，通常都是白天在咖啡馆、餐馆，好看的休闲装即可。

注意点：

- 男不要西装领带，女不要职业套装。
- 不要穿陈旧起毛、宽松变形和有油渍的衣服。
- 冬天不要穿棉毛衫相亲，因为室内空调可能很热，保证你的贴身衣服可以示人不尴尬。
- 女生妆容不要太浓，不要戴贵重夸张的首饰，不要穿暴露的裙子（露背、吊带、超短等）。
- 不要穿怪异夸张的服饰。
- 让你不舒服的衣服，再好看都不要穿，因为你会坐立不安。
- 女生不要穿让你受累的鞋。男生的鞋要刷亮洗干净。
- 洗干净头发，不要有头屑；指甲修剪干净。

我们的创意总监Dream教授《马上变靓》第一讲：冬季相亲约会穿什么？

女：针织衫、羊绒衫、毛衣、厚T恤……只要是V领，就可在领口做文章，闪亮项链、围巾可以统统上。淘件质量好又有型的毛料大衣，马上增靓没商量，请别心疼干洗费。灰色其实比黑色更耐脏，也更容易搭配亮色。实在怕冷怎么办？丝袜外面套裤子，到目的地前去洗手间脱掉藏好。

男：男人想骚包？围巾少不了！黑白格子、素色条子，就很好。其实男人也需要件质量好又有型的毛料大衣，秒杀掉所有羽绒服！

## / 用盗墓的心态去相亲 /

@Johanna-Jo舟舟：我很多单身女朋友和我自己都只是想找条件相仿的，可惜现在优质男太少，碍于家里催促勉强去相亲，成功率当然不会高。相亲不成不能老是从自己身上找原因，结了婚的照样错误，许多是性格问题。

答：这个问题值得探讨。只想找条件相仿的，优质男性太少，这么说你觉得自己是优质女性？

结婚不是表彰先进，单身不是错误，结婚的人照样会离婚有很多错误是A，你相亲成功率低是B，两码事，A不能证明B的正确性。碰到问题如果不从自己身上找原因，你还期待从哪里找原因呢？优质是一个比较后产生的名词，是小部分人，从古至今优质男都少，而不是现在才少。而男女对异性优质的定义是不同的。

优质女性为什么需要相亲？自己没能力找吗？你的优质的定义是什么？职场优质=情场优质吗？

一天到晚在相亲的你，相了几十次都没结果的你，说自己要求不高的你，请问：你喜欢自己吗？换位思考一下，如果你是来跟你相亲的异性，你会在第一面喜欢上你自己吗？

有人说我不喜欢自己，请问如何才能喜欢上自己？先描述一下你喜欢的自己是什么样的？然后对照一下现在的自己，哪些是可以通过努力改善的，哪些是无法改变的需要接纳。觉得自己胖，去减肥；觉得自己不美，去学习穿衣打扮；觉得自己穷，努力去赚钱；觉得自己无趣，参加各种活动学习怎么玩……

@武志红：好问题。的确发现，越是不喜欢自己，越容易设置一些条件，以达不到这些条件为由而迅速否定对方。

常听女人男人说“我的要求不高”，可他们为什么总是找不到满意的对象呢？你的要求粗听上去是不高，可实在是面面俱到，要求不算很高但也在80分；你要的是10项全“良”，相对比一两项优秀+其他60分甚至可以不及格，你的要求更难达到。

一个女人去相亲，对面的男人长相不错，谈吐也不错。当他说到辞职创业，她在心里减了一分；当他说到父亲过世，老妈在老家经济不好，她在心里又减了一分，就要把他否决了。很多相亲男女的心态就是这样：心里有一张完美清单，看到人逐条对着清单打叉，一年相亲50次、100次也无用。

我问她，你最看重男人的是什么？她说：要奋斗，不能好吃懒做。我问：那么他辞职创业你为什么要减分？这不是奋斗吗？他家境不好，你为什么又要减分？这跟好吃懒做有什么关系？可见你最看重的不是男人的奋斗，而是男人奋斗后的果实！有清单不可怕，可怕的是对清单的解读。

女生交了作业，两张清单。对男人的要求都是数字性的硬指标，对自己的描写（想象自己给男人的印象）相当悲观：不好看、自卑、不善沟通，她不喜欢自己。原来如此！看来她首先要做的不是找到一个多好多好的男人，而是把自己进化到她喜欢的样子+自我接纳。相亲了几十次无果的你，喜欢自己吗？

抱着这样的心态去相亲的人，问他们：你要找什么样的？通常他们说不知道，见了再说。见了，一条条打叉减分。他们真的不知道要什么，只会挑毛病。十几年前我在JWT（智威汤逊）广告公司工作过，最痛恨的客户就是你问他要什么，他说不知道，你们先写几个方案。然后他再一个个否定。想杀他们的心都有。

网络带给我们一个错觉：似乎触动键盘就可以联系到全世界的人，有诸多异性供我们挑选。其实不然。万人相亲对你有什么意义？三个小时内你能接触到几个人？北京的情感教练赵永久的说法我很赞同：如果确定要结婚生子，在某个时间点前你可劲地挑，挑好了就好好经营。另一个选择是，你宁可单身。

误区：只要我继续挑，就能挑到更好的。很可能你27岁遇到的那个就是最好的。我绝对相信有33岁、36岁、40岁的魅力女人什么时候都不愁嫁，问题是，你是吗？我绝对同意什么年龄都有追求爱的权利，问题是，你有追求爱的能力吗？

常有这样的女人，从22岁开始恋爱，一路挑，每个男人都有些她不满意的，一不小心就挑到了30多岁，回头看，觉得以前有好几个都不错，后悔。到了30多岁，她看得上的单身男人大都是离婚有孩的，她又不愿意了，继续挑。等挑到近40岁，也就无人可挑了。

一位33岁单身女跟男朋友分手后，说：我相信以后一定可以找到更好的。我提醒她，你不一定能找到更好的。如果你不是一个不走寻常路的女人（跟比你年轻或钱比你少的男人结婚），你还有很多框框，未来两三年是你的关键时间（36岁之前），错过了也许下一次结婚的机缘就是45岁后黄昏恋了。

很多男女都说要找感觉。什么是感觉？在我看来，感觉是一种能力！是高情商的体现。而那些严重依赖相亲的男女，往往本身就是没感觉的，一块木头。两块木头坐在星巴克怎么找感觉？所以最后为了结婚，也就是比对一下条件，凑合了。不要以为因为你是80后，就会得到比父母质量更高的恋爱婚姻。

很多从来没恋爱过的人跟我说，去相亲很无趣，尴尬别扭没感觉。初恋需要靠相亲来达成，悲剧啊。其中一个，甚至双方都从来没恋爱过的人，在星巴克面对面傻坐着，跟影视剧中的爱情毫不沾边，谈些有的没的，脑子里对异性毫无知觉，不知道从哪里挑起。幻想一见钟情，从来没发生过。如今年轻男女去相亲都抱着“找感觉”的心态，可是相亲明明就是最扼杀感觉的方式，你奢望相亲找感觉，那岂不是缘木求鱼？我和BOB 创办的恋爱训练营倡导不依赖相亲，谈恋爱从一起玩开始，多参加各种活动结交朋友，从朋友中寻找意中人。

即使你实在是需要相亲，只有相亲这一种渠道，那么请抛弃完美的相亲清单，用盗墓的心态去相亲，知道收获的概率不大，但是也积极面对，给对方也给自己多一点机会。

## / 这里除了爱情，什么都有！ /

最近几年我经常在相亲节目里当点评嘉宾，某次参与上海电视台星尚频道相亲节目《因为爱情》（原《丈母娘看女婿》）的录制，一个上台相亲的男嘉宾，其爱好是骑单车出游，5号钉子户曹雪莹的妈妈对每一个男嘉宾都打叉，但是很喜欢表现，说她就喜欢骑单车的男生（她的青春记忆）。我说，可是你女儿喜欢的是悍马啊。当然，把单车放在悍马上应该不难。资深媒体人@大头费里尼说，这里除了爱情，什么都有！

你以为相亲节目里很多"感人"桥段都是编导编的？不，有的还真是男女嘉宾自己编的！以前我在某相亲节目做嘉宾，一女嘉宾要跟前男友复合，让编导找他来上节目，装作不知情，男生现场下跪献钻戒，女生泪水哗哗，那叫真挚。主持人和我都被骗过了，事后才知，感慨——好演员！

@贝尔熊CEIBS：好几次被节目组打电话邀请参加此类相亲节目，可一想到台上的女嘉宾种种矫揉造作，对来的男生各种评头论足不满意，就忍不住恶心。如果有一天真去了，也是带着上去涮她们一把的心情。——哈，被节目组邀约啊，亲，你是优秀男青年！

## / 撒娇是门艺术 /

有个段子：自称“人家”的女人，啥工作都不用做；自称“偶”的能省去一半工作；自称“我”的工作都是自己的；自称“姐”“老娘”的，连男人的活都是你的；最惨的是自称“爷”“女汉子”的，连阴间的事都归你管。

我曾经在微博上主持一个有趣的话题：你会撒娇吗？撒娇不等于不独立，完完全全两码事，只是我们从小没有受过怎么当女人的教育，一谈独立就要变成男人。撒娇不是发嗲，是请求帮助，示弱，表示给他人关心你的机会。

撒娇是门艺术，是给男人帮助你的机会，好展现他们的雄风。比如，办公室给饮水机换水桶，如果男同事说“我来”，你会怎么样？抢着搬吗？还是让他来？你跟男性一起吃饭，如果他要埋单，你会坚持AA吗？如果他要开车送你回家，你会怎么样？除了跟男朋友、老公外，对普通异性朋友、同性朋友、同事上司都有撒娇的可能，关键是分寸。

现代女性从经济能力，从看世界的眼光，从经历来看，都可以跟男人并驾齐驱，不需要再“靠征服男人来征服世界”，自己就可以征服世界。但性别不可改变，女人在独立自我的路上，时刻不能忘记自己的性别身份，我们需要跟男人相爱（仅指异性恋），而撒娇是向男人示弱的好方法，注意示弱是放下身段，而不是真的弱。

我在做电视节目的时候碰上女演员沈丹萍夫妇，她提到某次他们大吵以后，她想讲和，不知道怎么开口，就用脚轻轻踢她老公的腿，眼睛看着他，用眼睛说：好了啦！——撒娇好榜样。

小时候的生活环境直接影响成年后的男女关系。我记得我5岁时跟妈妈撒娇，她推开我说，你是姐姐。1976年我爸去唐山抗震救灾一年，妈妈成了爸爸，我就成了小妈（虽然弟弟只比我小两岁）。这样的女孩长大了会成为什么样的女友和老婆？那还不是吃苦受累的命吗？如何向男人示弱，给男人帮助我的机会，如何成为一个平衡的女人，也是我终身的功课。

@宝贝灵灵007：职场新人，该怎样跟年长的职场老师撒娇呢？

答：那还不容易，反过来才难呢。你就是什么都不懂，请教呗，要求帮助呗。

@希望-就在不远处：为什么我心里爱着他，嘴上却总是说他的不是，明明非常想他却一定要说成以后都别见面。心里想温柔地撒娇缓和关系，嘴上却做不到。

答：你的自我防卫太严重了，你的这种行为就是——我要抢在你拒绝我之前先拒绝你，这样你就没有机会拒绝我让我难堪了。

@牵你手海边游：男生对女生撒娇，是不是对感情升温有提高啊？

答：当然。男人在所爱的女人面前，都会呈现出小孩子的那一面，会用各种方式撒娇。比如，下班回家跟老婆说：人家累死了，求求你，帮我捏捏肩膀吧。

@不想当警察的医生不是好设计师：我交过两个男朋友，第一个男朋友性格比较强势，我在他面前完全没有撒娇的想法。第二个男朋友性格温和，我老忍不住撒撒娇，说些好听的话。这代表两个人在我心里的位置不一样吗？

答：代表你在温和的男朋友面前更有做女人的感觉，更放松，更能做自己。

@找北的左撇子：一直认为自己是个大大咧咧的人，对那种肉麻的发嗲很不屑。遇到老公后发现自己也会撒娇了，这是天性还是不够认识自己？

答：是以前你对撒娇的理解有问题。撒娇不是肉麻地发嗲，是真情流露。

@桉角：明明知道用强硬的语气说话不代表独立强大，可为什么我总觉得自己一旦撒娇就是在示弱呢？如何才能放低身段撒娇，而不自觉是一种无力的乞讨？

答：把那个“索取”爱的我，想象成“给予”爱的我。因为我爱他，因为我有能力爱他，因为我想让他高兴，我才撒娇，他高兴了，我高兴。

## / 怎样才算确定了恋爱关系？ /

问：相亲见了两三次，吃饭看电影，算是恋爱关系吗？

答：

- **有拉手、拥抱、接吻；**
- **有性关系；**
- **彼此承诺是唯一的恋爱对象；**
- **把他/她带到朋友圈，介绍说“这是我男（女）朋友”，可以见光。**

除了第二条以外，其他三条都要符合才算确定恋爱关系。有性不一定是恋爱关系。

相亲见几次面，手都没拉过，那只是约会关系，彼此没有承诺一对一，两个陌生人互相熟悉了解。现在很多相亲男女同时都在见几个，然后从中挑一个发展成恋爱关系。有的人见了几次对你没感觉，也就不联系了，过了几个月又冒出来了。为什么？哈，他其他的候选人都落空了。你要是也闲着，去约会啊！

# 羡慕，嫉妒，恨和酸葡萄心理

男女关系其实是你的一面镜子，你是什么样的，你的男女关系就是什么样的。

## / “30岁的儿童” /

我咨询时经常听到的问答：

你为什么硕博连读？答：为了父母。

你为什么结婚？答：为了父母。

你为什么生孩子？答：为了父母。

你为什么来找我咨询？答：我活得很憋屈，快得忧郁症了。

你现在30岁，十几年后如果父母过世了，你为了什么活着？

答：没想过，不知道。

在被逼婚的人群中，有这样一类：大学专业父母定，工作父母找，永远被“人家的孩子”比。一女北漂，30岁没恋爱过，远在千里之外的父母动用所有在京关系，一年相亲十几次，因内心抵触都一面否定。靠她自己呢？一个单男都不认识。我对她说，先要解决独立的问题，不独立，无自由恋爱。

这几天连着咨询了几个女生，都是“30岁的儿童”，老家都在三线城市，她们的50后父母实在是太能干了，或公务员或生意人，替她们安排了一切，在京沪买了房子让女儿住，女儿月入四千父母补贴六千，花巨资送女儿出国留学。可叹从小习惯被父母安排的女儿，出国等于移动硬盘，一直混在中国人中，连英文都没说溜儿。这样的“儿童”注定被剩下。

“30岁的儿童”把青春叛逆期大大延后到了婚后，一大特色是：出轨。其他的反抗手段有：结婚后拒绝过性生活（女性），坐等老公提离婚；只摆酒不领证，给自己留一条后路。用毁坏自己的行为对父母阳奉阴违，是标准的儿童行为。

我做两性关系心理咨询师10年，很多男女因为婚恋问题而来，可深究下去原来是“30岁儿童”，做任何事只有一个理由“为了父母”。其中不乏“优秀”的硕士博士、职场成功人士。可是，自我是一棵倔强的小草，总要找缝隙生长，不然就变成抑郁的病人。推荐一本好书《少有人走的路》，心智成熟之路。

@西部沙漠里寂寞的心：为别人、组织或权威而活的好处是：1.得到对方的称赞；2.分享对方带给自己的力量感、保护与安全感；3.避免自己做决定的痛苦，不用承担决定带来的负面结果。背后体现的心态是：自己无能为力，孤单无助，不值得被爱。感受：强烈的孤独，无力感，无助，自卑，依赖性。

@珈蓝20122012：感觉我的工作、收入、爱好……在我父母眼中只是小孩子过家家，做什么、赚多少、做得怎么样都无所谓。“听话”“不惹事”是最高的褒奖。

答：你也配合得相当好，坚持做“小孩子”，你们是完美的共谋，相亲相爱一直生活下去。恋爱结婚你是没有的，因为那是大人的事，你是孩子。

@珈蓝20122012：怎么活着？我爸跟我说，我现在的钱够你这辈子花了。饿不死，有房子住，在他们看来就活得很好。

答：哈哈，怪不得你管自己叫"窝囊废"呢。每个"窝囊废"后面都有对太能干的父母。他们再能干，有一件事不能帮你做——找一个"有感觉"的男人，经营好婚姻。你的磨难在后面。

这样的"30岁儿童"，男女都有，在80后中还真不是少数。如果结婚了会怎么样？那就是各种狗血剧连番上演，一吵架各找各妈。而他们护犊心切的父母呢？一定会抢先出阵叫骂对方全家，然后把自家孩子带回家，离婚，接着替他们找下一个"靠谱的"。

生活彻底没压力，他们浑浑噩噩地活着，爱情只在偶像剧里见过，30岁了从没恋爱过。如果不是被父母催婚（有的都逼出毛病了），日子还可以一直这样淌下去。他们来问我怎么找对象，我挖出的更深层问题是：怎么活着？怎么不当寄生虫？我跟他们预警：你的磨难是十几年后，父母老去或者死去以后。

@珈蓝20122012：有过通过恋爱重生的想法，结果发现遭遇的是一个个比我更窝囊废的男生，他们甚至觉得我想反抗的意识很荒谬，因为"大部分都是这么过来的"。

答：人以群分，说明你还是窝囊废，重生路刚开始，还需努力很久，加油。

我问30岁单身女：

大学时没男生追过你吗？

大概有吧，没注意。

工作后没男人追过你吗？

可能吧，没在意。

你觉得自己的特点是什么？

还好吧，一般般。

你想要什么样的男人？

随缘吧……无所谓……也许吧……大概是……不知道啊……单身也蛮好的。

单身也蛮好的——实际上，我是同意的。单身是蛮好的，如果你真心这么认为，而且确实把单身生活经营得非常充实美好。但是呀，花钱来跟我做心理咨询急于脱单的女人也这么说，这就是自欺欺人了。蛮好的，你来找我做什么呢？

@白邦威_小白：不知道是不是只有在本国，这种两眼无神的女人、男人特别多？自己喜欢什么？不知道。要怎样追求？不知道。今后的生活怎样规划，有什么打算？也不知道。

不知是否位居世界前列，确实特别多。跟我朝教育体制有关，这种男女从小被告知：听话好好读书，其他一切你什么都不要管。

@BigW：实际上是一个很简单的问题：我们如何准确地发现并描述内心的需求。说实话，我们从小接受的多是外来的：我要你怎么怎么样，我给你什么什么，你应该如何如何，很少有机会认真思考我想要怎样，我希望如何，什么才是适合我的。说得好。很多剩男剩女是乖乖孩，从小被剥夺自己思考的权利。

## / 想找灵魂伴侣？你有灵魂吗？ /

恋爱训练营讲座，一女说理想男人是灵魂伴侣，我问她定义是什么？她说聊得来玩得来。我问大家，有这样异性朋友的请举手——哗，一大片，却依然没有成情侣。她很惊讶，说没想到。可见灵魂伴侣不等于聊得来玩得来的异性朋友。

我问：你有灵魂吗？不要以为是个活人就有灵魂，绝大部分人没有灵魂。聊得来玩得来不等于灵魂伴侣，你的朋友们跟你都聊得来玩得来。即使是灵魂伴侣也不见得适合一起过日子结婚，因为恋爱中还要身体吸引，单有灵魂不行；婚姻中还有性、利益。世界著名的灵魂伴侣法国哲学家萨特和波伏娃，终身没结婚，各自情人不断，依然流芳百世。

我20多岁的时候，也满脑袋灵魂伴侣。活到今天40多岁了，终于明白：最能持续的灵魂伴侣是同性朋友！男女之间永远无法达到深刻的理解。在我精神最委顿的时候，首先想到的能帮助我的人，是闺密。女学员问：那你为什么结婚？我说：靠，我是异性恋，没办法，如果我是同性恋，才不找男人呢。

我一大学男同学是双性恋，一开始跟女人，32岁“失身”跟男人，40岁后坚定只跟男人，他说因为跟女人永远无法深刻理解，女人老是要结婚。他不想结婚生子，所以还是跟男人好。

婚姻没那么高级，不需要灵魂伴侣，一个聊得来玩得来亲得下去+利益共享的好朋友足够。你的灵魂伴侣也许是位同性朋友，也许是个已婚异性，也许是位长辈，也许是上司，干吗非要是老公、老婆呢？还有，没有灵魂的人，也就别费劲琢磨什么灵魂伴侣了。

BOB：

绝大多数人一生中有初恋、暗恋对象、同桌同学、闺密红颜、队友兄弟、合作伙伴、情人爱人、导师学生、妻儿父母，却没有灵魂伴侣，因为没有灵魂。

## / 当你的精神导师/心理咨询师/培训师变成了你的恋人/情人 /

咨询中来：当你的精神导师/心理咨询师/培训师变成了你的恋人情人

很多女人喜欢仰望男人，而上述几种职业的男人跟她们从师生/咨访关系变成了恋爱/婚外恋关系，让这种仰望得以实现。可是，然后就出问题了，师生关系迟迟不能变成平等的恋爱关系，男人依然是导师的姿态，喜欢说“我是为你好”。

在原来的师生关系中，男人一心培养女人的自我，而等她的自我强大了，敢于质疑“老师”后，男人错乱了，搞不清她是学生还是平起平坐的爱人。我一女友跟她的男心理咨询师恋爱（有违职业道德），一开始敬佩得不得了，她的任何心思都被他洞察。男人绝对自信“我是对的（因为我是心理咨询师）”，他们分手是必然的。

问：这个时候女方会示弱，关系可以维持吗？

答：一开始女方都示弱，也确实弱，后来成长了、强大了，不甘心永远被男人说“我是对的，你是错的”。谁会愿意永远被控制、被修理呢？这样的关系可以维持一段时间，多见于两三年，婚外恋也很多。因为职业赋予的光环，男人对女人有洗脑的本领。

有个女咨客跟她的自我成长培训师恋爱三年，视他为精神支柱，当他提出分手时，女人精神崩溃。跟我咨询的时候她忽然哭忽然笑，抱着我的腿哀求“帮帮我，把他叫回来”，歇斯底里的症状。我不做神经症的咨询，赶紧转介了。

心理咨询师跟咨客不是朋友关系，在咨询室之外无交往，不能把自己的私人电话给咨客，也不可能转换成来访者所期待的好朋友。最后的结果会成为：咨询不是咨询，朋友不是朋友，既没有咨询的咨访关系，也没有朋友的轻松自如，更不可能是好朋友的无话不谈。

心理咨询师对咨客可以无条件接纳，精神导师/老师可以对学生极其耐心包容，可是当转换到恋爱关系就不行了，恋爱关系是有条件的接纳，女人如果延续性地要求男人跟当初一样“无条件对我好”，必然产生矛盾。边界不清晰，角色定位混乱导致这类恋爱/婚外恋短命。2013年有部美国电影《危险的治疗》讲述心理学大师荣格跟自己的女病人婚外恋的故事，非常纠结。女病人很有做心理咨询师的天赋，被治愈后也成为一代心理学大师。

现在好多人考心理咨询师证书，不为从业，为提升自己。有个恋爱训练营的男学员，本行是做电脑的，自己去考了二级心理咨询师证书。约会的时候跟女孩分析她的原生家庭，听得人家对他肃然起敬，约会一下子变成了心理咨询，然后，然后就没然后了呗！被我知道后大骂：半瓶子醋晃荡个啥呀！

有网瘾、酒瘾、毒瘾，如今还有“心理学瘾”——到处上心灵成长课、心理治疗课，满嘴跑术语“连接”“成长”“无条件接纳”“阻抗”，有课必上成为“课虫”，连国家二级心理咨询师的资格都考出来了，可是面对自己现实的问题还是无能为力。依赖无处不在，而“我在学心理学”是有光环的。

我的朋友性心理咨询师马丽以前跟我约见面老迟到，还很有理由，满嘴跑术语，“我刚才出门前想到要见你，突然有了阻抗，所以……”，做心理咨询师连人话都不会说了。我马上爆粗口：去你的阻抗，下次再迟到，吃喝的钱都你付！后来，她就不迟到了。效果超好。

我和BOB两年半前创办了恋爱训练营，我们至今都记得第一个学生——一年后考取了国家二级心理咨询师的资格证书。恋爱？还是没谈过。

@叶月幽：“连接”“成长”“无条件接纳”“阻抗”这不算什么新鲜术语……现在流行的是“投射”“认同”“察觉”“内观”“原生家庭”“疗愈”“防御”“评判”“退行”。某些所谓“心理学家”的微博里充满了这样的词语，好高深哦。

学心理学能帮助谈恋爱吗？不一定。三年前恋训营第一个女学员32岁还没恋爱过，上完我们的课觉得心理学很神奇，令我们俩哭笑不得的是，她就此迷恋上了心理学，去读了二级心理咨询师，后来还接热线电话。不久前见到她，显老了、胖了，恋爱还是没谈成。情商低不是读书就可以改善的，没有实践，学一堆理论，无用。

## / “妈我”人格的高富帅 /

一女生嚷嚷要找高富帅，相亲见了一个，真的是高一米八三，帅，富二代，父母做生意，他在父母公司工作。可是见了一面她就没兴趣了，因为他：31岁处男从来没恋爱过，被父母一手控制无工资卡，父母给信用卡花销，在国外留学六年，依然认为婚前不能有性行为，恋爱是浪费时间，应直接结婚。

@万年屌丝王阿姨：请告知我此男联系方式！

答：我会告诉你他父母的联系方式，相亲时父母会严密把关一起来的。觉得这样的男生好欺负？错，他父母可不好欺负！他父母要是看不上你，他哪里敢说一个“不”字。看上你了，他们会在婚前让你签一堆协议。你懂的。

@虞羽煜：关键是很多这样的富二代只不过是个暴发户的凤凰男，而不是什么太子，性价比低，性能也差。

我问女生：你要的真的只是高富帅吗？不，你要的是真男人！而他是个伪男人。

这样的富二代，找我心理咨询过的单身的、结婚的、离婚的都有。父母大都是江浙生意人，从农民、摆地摊的奋斗到家族企业，独生子女富二代从小锦衣玉食，可是被父母严密控制，虽说在国外多年，思想价值观依然是个农民+奶嘴男女，他们的人格缺陷在婚恋中明显地体现出来，金钱对他们毫无帮助。

有一对从义乌来做咨询的未婚夫妻，都是当地的富二代出身，在国外留学多年。可是一听男生的谈吐，真心不能相信他留过学，仿佛他是带着义乌的移动硬盘出国的。他在父亲的工厂工作，没有工资，花销找父母报销。父母重男轻女，要求他们生了儿子再结婚！还要女生辞职来他们的工厂工作，女生当然不肯，而男生在父母面前不敢说半个“不”字。

中国的第一代富人大多是农民、小手艺人，艰苦奋斗创建了家族企业，文化水平低。他们有钱送子女出国留学，但是在精神上，很多子女其实是暴发户+凤凰男女。因为他们自己的成功经验，子女不同的想法、价值观和经营管理理念，都比较难获得认同。在很多家族企业里，子女的地位是一人之下万人之上，只要老子没咽气，你想掌权不可能。

昨天我去参加朋友的饭局，在一高档会所，可SPA。我对面坐着个50多岁什么总，生意着实大，可他居然穿着浴衣，还不断伸手到衣服里挠痒痒！知道什么叫如坐针毡吗？最早富起来的一批中国人，可是有钱了30年也难改农民本色，小三从来没断过，老婆是不能离婚的，小三逼婚就送她房子打发她嫁人。

找我咨询的“土豪”老婆们，以盛产暴发户的义乌、温州居多，长期对老公无可奈何，转成对儿子的严密控制，审核儿子交往的每一个女朋友，百般挑剔。她们的潜意识是：我对老公没有办法，儿子敢不听我的！接近儿子的女人都是她的情敌。想找富二代的女生，准备好跟太后战斗吧。

很多女生偶像剧言情小说看多了，以为有钱人都是彬彬有礼，英文法文随便来，懂女人会浪漫，还忠诚！不要忘了中国国情，改革开放后第一代有钱人很多都是暴发户，第二代会有改善，但是也别指望太大，家教胜于学校的教育。至于那些世家子弟，亲，你不是门当户对的，就少梦想了。

谈到被父母严密控制丧失自我的某些“富二代”，其实旧式富裕家庭早有先例，父母为了拴住儿子让他吸大烟。张爱玲的《金锁记》七巧的丈夫和儿子就是身心俱废的富二代。今天，父母毒害控制儿子的“大烟”是：给房给车，在父母企业工作，出了父母的势力范围，他们找不到工作。

“妈我”人格的富二代，如今比比皆是。有些一心嫁高富帅的女生不知深浅奋力攀高枝，她们不知道对手其实是太后大人。旧时代的七巧能用几十年媳妇熬成婆，今天的女生哪里受得了这个苦，所以，见到高富帅，请仔细打量，“我妈”不离口的，请绕着走。

## / 没时间恋爱，有时间离婚 /

恋爱训练营来了好几个离婚的女生，都是害怕当剩女焦虑性结婚，一年多就离婚，还有“登记未办酒”的（如今婚介机构在离异、单身之后发明的第三种身份）。她们婚前都是“我没时间恋爱”。入营后，我问她们的第一个问题是：现在你有时间恋爱了吗？如果还是没有时间，请到隔壁婚介所去。

一位30岁从来没有恋爱过的女人，相亲一次，怕当剩女匆匆结婚，不到一年离婚，无孩；现在处第二个，关系有问题，又要匆匆结婚。她说：我没时间恋爱。我说：没时间恋爱，有时间离婚？她一想，自己都觉得是闹剧。

不要因为过30岁了，怕当剩女，找结婚对象“拉到篮里就是菜”，不要违反事物发展的客观规律·认识一个人，是需要时间的。你25岁时从认识到恋爱到结婚要花上一年时间，不要以为32岁了这个过程可以缩短到三个月！不要说我已经没有时间恋爱了，那么以后你一定有时间离婚。

农民骗子装CEO，在婚恋网上利用30岁以上女人的焦虑心态，找经济条件好的女人，甚至结婚，离婚也能分财产；同性恋男人、性无能男人，想结婚给父母交差，利用剩女焦虑心态，婚前不发生性关系，美其名曰尊重女人——你焦虑，就给了骗子机会！

没时间恋爱，有时间离婚。其实你还是在恋爱，只是排场有点大，要搞一场民间春晚，亲朋好友全到齐；只是花费有点大，花掉你父母一辈子的积蓄；还要到民政局开证明。有时间恋爱的人分手叫分手，没时间恋爱的人分手叫离婚——咦，我又出金句了！

@幸福玛丽娅：一个人长久地追求达到某种目标，为此做出了许久牺牲，要他放弃这个目标是很困难的，而如果这个目标关系到正在消逝的青春那最后一线希望的话，要放弃它则是根本不可能的了。”——莱蒙托夫。《李果甫斯卡雅公爵夫人》描述一个1833年俄国25岁愁嫁女的心理，在180年后的今天依然有道理。

@SH单身白领自发交友Michelle：很多女生和我说，我都30多岁了，哪有什么时间谈恋爱“劈情操”，我就想找个人结婚过日子。甚至也有男生反映，遇到有些女生活动里初次见面就说，我一年内必须要结婚，你如果要跟我交往考虑清楚了吗？人家果断考虑清楚离你远远的。

@Radioheadache_2010：我在美国的一个朋友，上海人，来美七年，她的男友某些地方很诡异，我都怀疑他是同性恋或者生理心理有毛病。但我这位朋友还是着急上赶地结婚了。这可是在美国，没有社会舆论压力，纯粹是自己给自己压力搞出来的。

@伍玲玲律师：我发现所谓的剩女是受骗的最高群众，最近接了一个案件，就是一女子上佳缘网，找到一所谓钻石王老五，结果被骗百万。

## / 你是女汉子吗？ /

最近网上热传“女汉子的20条标准”引起很多议论，我仔细看了看，除了力气大自己的事情自己做，大部分都是生活上的不拘小节，有些是卫生习惯不良，即使安在真汉子的身上，也是个邋遢汉子，比如“太晚了不洗漱直接上床，在家不洗脸不梳头”。

这个标准没啥意思，但“女汉子”是个有趣的提法，一开始是指女人独立自我，自己的事情自己做，各方面都不输给男人。跟“女汉子”相映成趣的是“娘炮”，如今的时代性别差异缩小，从外表打扮到行为举止，“女汉子”“娘炮”都不少，如李宇春这样的“女汉子”成为万众瞩目的明星，女人不再都婉约柔弱，男人不再都刚强霸气，各花入各眼。

我的恋爱训练营也有几个女生认为自己是“女汉子”，所以才找不到男朋友。我问她们为什么自认是“女汉子”，得到的答案却是不了解男人，不知道怎么跟男人找话题，不懂得如何吸引男人。这不是“女汉子”，是不解风情、情商低的“真女人”。

在中国传统教育里，性别教育是特别缺失的，男孩女孩都被要求成绩好、要乖，至于男人是什么样，女人是什么样，男人女人怎么相处，什么是男人女人的风度，家长是不会教的。导致很多男女成年后只能用职业头衔定位自己，在婚恋上的思维也是“一个男财务总监+一个女行政经理”配不配，而不是一个男人和一个女人的匹配。情场和职场大不同，离开了职业身份你是个什么样的男人或女人？职场优秀跟作为男人女人的优秀有什么不同？在我的恋爱训练营里，学员第一次面对这样的问题扪心自问，他们发现缺了很多情商课。

有一个女学员工作非常好，近30岁了从来没好好谈过恋爱，自称“女汉子”，衣橱里除了上班职业装连条漂亮裙子也没有，不化妆不爱逛街买衣服，头发乱蓬蓬的梳个最简单的马尾，三个月也不去一次发廊。我给她布置的第一个功课：买条漂亮裙子，去发廊剪个新发型，下次打扮好了来见我。她问我为什么要这么做？我说，为了美啊。她问，美有什么用呢？我说，等你变美了，你就会知道答案了。从今天起，不要再自称“女汉子”了。

@小姑奶奶诗儿：爷和老娘自称，把有意思的男人都吓得不敢靠近，是谁的错？

@邪恶的猫妖怪：女汉子怎么也得是内心极为强大，有男性化的直线思维方式，工作上独当一面，在家里也是换灯泡修马桶组装家具样样在行才行。只是说自己女汉子但其实啥都不会的，也就是为自己长得不美性格不好没男人要找个台阶而已。

@新橙丝蜜哒：我就喜欢向异性求助，向自己喜欢的人撒娇，我不要当女汉子。

@未见桃花源：很多人自称女汉子不过是自己生活粗糙没异性青睐的借口而已，搞得好像多豪迈一样。内心金刚外表芭比的才是真汉子。

## / 温水煮青蛙的生活状态 /

如果你实在没有恋爱结婚的欲望，那么把赚钱当作目标和动力吧。想要好的单身生活品质，开阔眼界，样样少不了钱。没有恋爱的欲望，没有性欲，没有学习的欲望，没有赚钱的欲望，除了会喘气，你也就是个活死人了！

给新入营的女生做咨询，三十出头事业单位，月入五六千，温水煮青蛙的生活状态，没有技术含金量的工作，现在就想着退休工资了。有的人很年轻，却已经老了。这样的你，能遇上一个什么样的男人？无非是另一只温水煮的青蛙。我给她定的恋爱训练营三个月工作目标是：我想怎么活？

这个女生爱思考，她的担心是：不久的将来，政府的改革一定会触及政府和事业单位缩减，将有大量人员下岗失业，就像她父母那代人20世纪90年代遭遇国企倒闭，没有其他谋生的技能，生活至今困窘。她的工作没有任何技术可言，没有升职空间，现在不做准备，那天来到了怎么办？她的问题是想很多，做很少。

你在你的舒适圈里待太久了，丧失了离开那个环境生存的能力。你想得太多做得太少，连一点挫折经验都没有，你对跳出那个圈子的恐惧也都是想象出来的。情场上你也是如此。如果恋爱训练营三个月能促使你反省和改变，那你可是赚到了，远比找到一个男朋友有价值。

有一个父母反对她读在职研究生的女生跟我聊，反对的理由是：你应该集中精力找对象，读那么多书有什么用！她收入不高，读研究生需要父母资助，选的专业含金量不高，学费便宜。我问她：你为什么要读？对你找到更好的工作有帮助吗？她答不上来。她还有个误区：结婚生子前要把所有的书读完。

这样的争执本来不应该发生在三十出头的女人和父母之间：我要去读在职研究生，父母不让；我晚上出去参加社交活动，父母不放心说不安全；我相亲的每个细节父母要知道；我交往的每个男人父母要追问；我收入不错，想搬出去自己住，父母坚决反对；父母说婚前不能有性行为……亲，你都三十好几了！

你在法律上是单身女人，可你的生活状态根本不是，你依然是父母的乖乖女，长不大的孩子。我给这样的女生（三十出头其实都不能叫女生了）制定的恋爱训练营三个月目标：摆脱父母的控制，割断自己对父母的依赖，做真正的大人。恋爱结婚是成年人的游戏，儿童不宜。

她现在读研究生是很盲目的，以为有个高学历就好，因为收入低，又去选学费便宜含金量不高的。我告诉她，很可能这个学位对你找好工作无用；学习是一辈子的事情，结婚生子后照样可以读研究生啊。我生了孩子后才开始学习做心理咨询，现在四十多了还在学习呢。

有女生问：结婚生子后琐事繁多，还能静心学习吗？这样发问的是职场新鲜人吧，今天的社会竞争激烈，只要你不想混吃等死，都需要边工作边学习，长期短期不一的学习，不单是要学位的，还有获取职业资格、增长能力的课程。静心跟你是否结婚生子无关，对单身来讲，学习也是结识异性的渠道。

在职读书跟找对象，根本不矛盾，一心可以两用。很多单身人士去读书，就是冲着扩大社交圈认识异性去的！

三个月的私教课程，学员有各种各样的问题来问我，除了两性关系，还有职业生涯、学习、跟父母关系以及其他人际关系。某一时刻，我感觉自己像是他们的全面生活顾问，他们生活中缺乏这样的人。他们不甘于跟父母嘴里的大多数人一样庸碌，对爱情婚姻、生活都有追求，他们是来找支持的。

@死兔：原来有人处境跟我这么相似，连想多做少都一样。我想改变这种局面创业，没资本，父母对我没信心不让，另外还让我专心找对象，女人不要做女强人！

——你的问题是非此即彼走极端。改变就是要马上创业吗？花几年时间学新技术换工作，不是做女强人，是给自己找个可持续端着的饭碗！

有人问：吴老师，你是在劝她辞职吗？她能找到更好的工作吗？——不是。我2004年拿到心理咨询师证书，兼职当咨询师整七年才得以变成全职。有人羡慕我把兴趣变成职业，羡慕我自己当老板。我问，你能坚持理想七年吗？你能七年做两份工作+读书+养两个孩子吗？改变从今天开始，计划则需要花好几年的工夫。

有很多人这样想：为了生活，不得不妥协……他们没有想过，不妥协，可以有更好的生活！关键是勇气+毅力+能吃苦。而妥协的生活，总是越过越难过。先贤们早就说过：人无远虑，必有近忧。

新加入恋爱训练营的女生，她决定用三个月逼着自己改变。为她鼓掌。男女关系其实是你的一面镜子，你是什么样的，你的男女关系就是什么样的。恋爱训练营不是婚介，而是帮助你思考：我想要什么样的生活？

@amber_琛：我体健貌端，工作稳定，已过而立之年怎么就找不到男朋友？细想，生活由父母照顾，我不费心力；收入不高，我也饿不死；工作按部就班，我无须创新。我觉得这样的生活就很幸福，我害怕改变并拒绝改变这样的生活和工作，我不要再花力气找男人。我知道头顶一直高悬“达摩克利斯之剑”。

## / 不要把结婚当作人生的终点 /

恋爱训练营一老学员昨天哭着跟我说失恋了，28岁第一次谈恋爱，第一次失恋，她主动要分手，因为觉得对他不满意。尽管如此她依然很难过，好不容易28岁初恋，本来指望结婚的。我跟她说：没关系，第二次失恋就好了。她说朋友们都是这么说的。18岁、20岁失恋，哭几天就好了，28岁初恋失恋就会被自己赋予太多的意义。

女生哭着说：今天是我生日，可是我用分手给我自己做礼物……我说：还好啦，如果你仅仅因为觉得自己年纪大了就这么凑合了，你将会用离婚给自己当生日礼物！不要把结婚当作人生的终点。不久前看到一句话觉得不错：你今天流的眼泪都是昨天脑子里进的水。

美国大片喜欢搞前传后传，我的咨客也给我这感觉。这个女生哭完，第二天的咨客就是她的后传：害怕当剩女，跟看不上的男人结婚，这个男人是唯一追求她的，貌似死忠。结婚几年孩子三岁，争吵不断，女人离婚叫了100次男人都隐忍，直到——（你也猜得出来）男人出轨。有时很想让“前传后传”认识一下。

闺密们聚在一起八卦，我常开玩笑给她们算命，她们关心的命无非都跟男人有关。我算得很准，吴铁嘴，她们都很怕被我算。那天，上午我刚随口说王菲会离婚的，晚上她就离了（靠，我不是故意的）。做了10年两性关系心理咨询师，男女之事还有什么算不出来的吗？无非是人性之必然。

男女关系“算命”没有什么玄妙，无非是掌握人性的基本原则：

趋利避害。我对你的付出在我可控制的范围内，比如异地恋要我去你的城市，我的工作性质能力可以随意调动不受地域限制，可以；我是公务员不能动，不会去。辞职？那你欠我多大一笔债啊，要是我混得不好都是你害的。不要奢望无条件的男女之爱，都是有条件的。最基本的条件：我对你的爱，不能对我自己有太大的利益上的伤害！为了你，要让我：1.对抗父母，得不到他们的钱；2.小三逼有钱男人离婚，要割一半财产给老婆，特别是跟老婆是事业伙伴的情况……爱你太难了，危及我的安身立命，我就会放弃。

我经常对单身妹妹讲：不要跟已婚男人搞，不要以为看到网络上什么小三上位就以为你也可以，绝大部分男人都是家里家外两头不误，很多大老婆都是只要不离婚睁一眼闭一眼。我做了10年两性关系心理咨询师，70%的咨客是婚外恋，男人想离婚的很少很少，他们都说：不值得，闹那么大动静干吗。

我有一对好友结婚20年无子，前几年老公出轨，我跟老婆说：如果小三不怀孕生子，他不会离的，但会折腾至少三年。三年过去了，小三没怀孕，等不急撤了，他回归了，老婆还要她。老婆说：当初你说三年，我都快昏过去了，没想到真的是三年。我说：再告诉你一句，如今你得到的他，也死了一半了，你不嫌弃，就凑合着白头到老吧。

BOB告诉我，他周围有些女人很讨厌我，可是我根本不认识她们，也没跟她们说过话。为什么？他说，因为我是一面镜子，她们不敢照，怕被我看穿（其实是怕她们自己看穿，不敢正视）。微博也一样，无论我说什么话题，都有人会被戳中，说讨厌我。你是讨厌我，还是讨厌你自己？

某次我见到一男熟人跟他“老婆”，看了几分钟，事后我说：你跟他/她不是夫妻关系，是母子关系。他说，是的，你眼毒。这也没啥神奇的，我做两性心理咨询10年了，男女间啥关系，关系怎么样，阅读他们在一起的表情、肢体语言、口气，就能读出大半。个别朋友的另一半讨厌我，不希望他/她跟我来往。

我有些顽固的闺密，害怕让“吴铁嘴”算命，却愿意花5000元给街头的“算命大师”！真话难听，闺密也不例外，人性使然。作为闺密的责任，就是在她倒霉后陪她哭，给她端茶倒水，帮她骂死男人……对对对，我也是个平凡的闺密啊。

## / 穷人孩子的舒适圈 /

以前有句老话：穷人的孩子早当家。有些80后是穷人的孩子不当家，龟缩在穷家的舒适圈。父母吃低保或离异，连10万存款都没有，以后不可能帮他们买房付首付。他们本科毕业做着清闲的工作，月入三四千，毫无职业规划。父母虽穷，但是照顾得衣来伸手饭来张口，跟父母一起住连饭钱都不用交。

我平时在上海东方广播电台《和谐一家门》接听众电话，很多经济状况不佳的父母，哭诉儿女如何不孝，大学毕业赖在家里，不肯出去工作，挑三拣四。只要我问他们从小是如何教育子女的，无一不是宠溺。因为自己穷，更觉得对独生的孩子有亏欠，物质不能满足，就在生活起居上处处代劳。

十几年前我单身的时候，曾跟一个26岁的女生合住。她是穷人家的孩子，在外企上班，第一次搬出蜗居租房住，生活自理能力很差，在家是妈妈给洗内衣。我们屋里地板上的灰很厚了，她看不见。某次她一时兴起蒸了一条鱼，揭开锅后愣住了——一锅鱼汤！她不知道蒸鱼是把鱼放在盘子里，然后再放到竹笼屉上，直接就把鱼放上了，鱼肉熟了后通过竹笼屉的空格掉到水里去了。我问她：你没蒸过鱼，难道也没吃过吗？没见过你妈是怎么蒸鱼的？不是放在盘子里的吗？她说：我还以为她是蒸好了才放到盘子里的。

@李小岛PandaLI：某些穷父母其实在精神上文化上品位上也深深禁锢他们的子女，他们对子女没有多大期许，物质上无法满足却在精神上为子女套上枷锁。只懂得将子女限制在他们身边生活，依照他们的轨迹，复制一模一样的未来，穷日子恶性循环，周而复始。

@阿winter：小康家庭这样的女孩也很多啊，因为父母从小的教育是女人不必拼事业，找个稳定单位混着就行，关键要嫁得好。但也不能食肉动物似的找男人，要矜持，要等介绍，要顺顺当当一步到位，要万事俱全有房有车本地好人家。基本上这些姑娘自己和父母把自己的路都堵死了。

——太对了！有房有车父母双亡。也不能死太早，单亲家庭也不行，要在对方成年后，父母留下钱、房、车后，双亡。

有个穷人家的女生哭哭啼啼来跟我咨询，生活圈很小，下了班就回家上网看韩剧，没社交活动，淘宝上买便宜货也不重打扮，长到26岁从来没有出门旅游过……所以，本科毕业，月入三四千（在居委会工作，成天跟老年阿姨为伍，一天工作四五个小时）她从来不觉得钱少，直到要恋爱结婚了，她能找到的是跟她们一样穷人家的男生，买不起房。她受刺激了：原来钱很重要！不要说现实很残酷，是你在梦中太久了。

还有个穷人家的女生要来参加《爱的能力》培训课，三天学费4580元，比她月工资还高。我说：你的当务之急不是学什么爱的能力，是摆脱“穷”字，是谋生，是安身立命！女生表示“谋生”两个字很新鲜，从来没想过。我跟她约定：用一年的时间让自己的月收入提高2000元，从500元开始，做到了告诉我。停止抱怨流泪，去行动。

钱不是万能的，但没有钱是万万不能的。这些穷人家的孩子跟我抱怨投错胎，父母离异对她们的影响，抱怨男朋友家穷，抱怨……我说，我家钟点工、小区门口收废品的、做蛋饼的，都是农村来的，初中小学水平，投胎比你还要差，可挣得比你多。你一个大学本科生，除了抱怨，还能干点别的吗？

女生问：觉得自己挣钱好少，想找兼职，能做什么呢？我说：昨天我在家门口走了100米，就看见服装小店、小餐馆、奶茶铺贴了很多招工启事，全职兼职的都要；我的助理、BOB舞校的前台女生都是兼职；社区里很多孩子放学没人看，需要家教……女生问：做体力活？

体力活怎么了？现在体力活的人工节节上涨，在你没有更高级的赚钱能力、没有更好的职业规划前，做兼职体力活、开淘宝店都能赚钱。更大的意义在于，通过赚钱的工作，帮助你走出小圈子，接触到更多人。喜欢去BOB舞校当兼职的女生，是冲着可以接触到很多有趣的人，还有就此找到男朋友的呢！一旦你有了想赚钱的心，出路有的是。不怕穷，就怕志短。

## / 高富帅暖男——外星人专利 /

2014马年伊始，一个新的流行词汇在网络上横空出世：暖男。出自韩国最新的连续剧《来自星星的你》。男主角金秀贤更是成为当下最火的“男神”，他饰演的外星人教授都敏俊活了400年，内心温暖得一塌糊涂，直接切中韩剧迷想象中的完美男人的命门。

上海《申江服务导报》的《暖男》专题很有趣，摘录如下：

又高又帅有能力又有知识还有六块腹肌，懂法律懂医术懂历史懂投资懂得心理学，在你危急关头一叫他他就出现，住大豪宅和市中心地皮，见过无数温柔贤惠美丽姑娘，却只为你一个人动心——这是新世纪暖男？不，这显然是外星人！哪怕是全球最无惧狗血的韩国编剧，也明白如此完美无缺憾的“百分百暖男”地球上不可能存在，因此，为都教授安排了一个“外星人”神设定。

高富帅暖男其实并不是什么新的品种，早在琼瑶阿姨时代就有个《一帘幽梦》中费云帆，无数单纯女人幻想的对象啊。费云帆象征什么？理想父亲！被阉割了的男人！明知紫菱不爱他还愿意默默等候，也不强求上床，这不是父亲是谁？去年大陆也生产了一个大叔版“暖男”，《北京遇上西雅图》吴秀波饰演的男主，无怨无悔接盘土豪的怀孕小三，如同再生父母。想找的伴侣都是理想父母，想让非血缘关系的他/她跟父母一样，这样两性关系能不难吗？很多中国人的感情模式就是找妈。

爱情影视剧的套路，都可以从以下这四个童话发展而来：1.《美女与野兽》（性别可调换，好人感化坏人获得爱情）；2.《海的女儿》（牺牲奉献，成人之美，性别可调换）；3.《睡美人》（英雄救美，或美人救英雄）；4.《灰姑娘》（或者灰小伙，平凡的人因为善良获得真爱）。而韩剧则是童话的集大成者，目标受众是喜欢幻想、在现实生活中缺爱的女人，韩剧的男主角都是高富帅，女主角都是平凡女屌丝，男主放弃继承权、美貌女富二代，抛弃一切就爱她，代入感很强啊，这是女人专用的精神毒品。

一女生愤愤不平地跟我说：男人都很差劲，好色，只喜欢漂亮女人。呵呵，男女都一样好色，从韩剧的热播程度就可以看出来。女人爱韩剧跟男人爱AV一个意思，2月14日金秀贤的粉丝买下《新京报》整版广告祝他情人节快乐并为他庆生，狂热示爱。还没见男人为苍井空过生日打广告呢。好色，人之本性，无论男女。

女网友说：苍井空怎么能跟金秀贤相提并论？——不能吗？女人爱金=男人爱苍。

@晚睡姐姐：男女都好色，但女人的欲望受到自身生理特征和传统文化的抑制，偏走纯情路线，附带感情，所以女人觉得自己比较“高贵”。男人呢，欲望不受控制，富攻击性，更具写实色彩，女人就觉得他们比较下流啦。

看了网友评论，追剧的很多女观众也就是看看玩玩，为了男主帅女主美，衣服好看，场景漂亮，音乐好听，娱乐而已；但是，总也有看着看着就当真的女人。所以，幽默的编剧才提了个醒：暖男只应天上有，地球上无此物种。

@jessiea咿：好奇韩国女孩子天天看这些还怎么正常恋爱结婚……

@冷洪飞：明知道电视剧不切实际，可还是迷恋男主，每天都想看男主的新闻，电脑手机的桌面都是都敏俊xi，看见他照片视频什么的还会激动，第一次做脑残粉，这是怎么回事，求解。顺便说一句，现实中有一个正直真诚但没什么钱不怎么帅的男友，准备结婚中。

——很好啊，两不耽误，说明你分得清真假。

@二百五次元青年：本来不觉得教授帅，直到他跑到悬崖救了女主，然后就觉得帅爆了。超能力暖男基本上不存在，但还是发情了，而且中毒看不上现实世界的其他人了……没办法，理想世界总是充满诱惑力……但我知道这种状态是暂时的。韩剧真是毒品，少儿不宜。

@娟january：知道这只是戏剧，只是韩国人怎么就有本事把这么不合逻辑的外星暖男+地球没头脑女明星的故事编得那么好，还有演员演技了得、插曲好听、场景梦幻高大上、服装养眼……天朝影视圈小伙伴们要努力啊。

## / 平常人的眼高手低 /

恋爱训练营情人节派对，一个女学員A来了一会儿就走了。在门口被我的搭档BOB留住，问：你为什么要走啊？不好玩吗？女答：我觉得那些男生都很普通，没什么意思。此女是三十出头的白领，做财务工作，月入一万多，相貌普通。

BOB建议她多待一会儿，跟那些貌似普通的男生多聊聊，也许会有感兴趣的人。你既然已经付门票钱了，不能浪费啊！女生留下来了。

（以上桥段是后来我才知道的。）

派对过程中，我一男性朋友来给我送东西，31岁男钢琴家，上海音乐学院的老师（帅教授啊！），一米八几的帅哥，手指纤细，已婚，女儿两岁。我正跟他聊天呢，女学员A主动走过来跟他搭讪，说：“你看上去好面熟啊！”他们聊了几句，我看她没有停的意思，就逗她：“你跟已婚男聊什么呀，浪费时间。那边那么多单身男人呢，你今天的目标是他们。”

这是段有趣的插曲。平时我跟A说她恋爱困难一大原因是眼高手低，她不承认，说要求不高。事后我问她为什么会来找钢琴家搭讪，她说，觉得他真的有点面熟，所以来确认下。我们对一个陌生人觉得面熟，是因为他/她是我们喜欢的类型。贾宝玉见林黛玉第一面就说："这个妹妹，好像哪里见过。"我问A，你根本不认识他，他身上的什么让你喜欢？她说：温和有礼。

派对上那些IT男、公务员男也温和有礼，你为什么对他们没有兴趣？你可知道你从钢琴家身上感受到的温和有礼的背后是艺术气质，是海外游历见多识广，是家有美女艺术家老婆，是为人父后的从容？这样的"温和有礼"是派对上那些IT男、销售男、公务员男、财务男没有的，也是你没有的！她承认，其实她感受到的是他身上散发出来的优雅、神秘和成熟。

恋爱训练营一男，眼光毒辣，一眼看上的就是上海戏剧学院表演系的女生或者巴黎海归外企女，而他月入五千中专学历36岁相貌平庸。好东西人人想要，你配得上吗？

恋爱训练营偶尔会请男老师来讲课，常有女学员"爱"上他们，来跟我打听。我说：能来恋爱训练营讲男女关系的男老师，身边都不会没有女人，哪怕他们现在暂时空窗，也不会对你们有兴趣，因为对他们来说，你们情商太低了，太无趣了。这话听着很让人难受，可惜是事实。

我跟A说："是的，你眼光很好，尽管不知道他的身份，一眼看上的就是个钢琴家！可惜你攀不上。"没想到，这个"攀"字惹恼了网络上一干女网友。

@泡喵喵喵：道理是没错，但是挺硌硬人的，取消关注吧。

@lynnfish2010：这条微博看得我心里难受，你说那些都是标签，职业外貌，都是包装，帅的音乐老师就高人一等了？一般人就配不上了？还真把活人贴上标签论斤卖啊？这价值观也太扭曲了吧，不敢苟同。

呵呵，有妹子不高兴了。没关系，走好，回去看韩剧吧。真话都难听，韩剧好看，爱情跟职业、收入、外貌、身份地位都没关系，继承人偏爱女屌丝。

我对A说：不管怎么样，能主动搭讪还是要表扬的，至少积极迈出了第一步。不过，如果你只对这样级别的魅力男感兴趣，其他的平常男人你都懒得看一眼，那么你需要调整自己的眼光了。因为——你也很平常。

## / 找妈的情感模式 /

曾有这样类型的夫妻闹离婚来找我咨询，老公帮老婆剪指甲、系鞋带，照顾得无微不至，同时也翻看老婆的手机，严密盘问每一个她交往的异性。他的理由很充足：我老婆就是一个孩子，什么事都要我帮她做。现在社会这么乱，我不放心啊，我得替她把关，免得她被坏人骗了。我不是一个好男人吗？

中国人的感情模式就是找妈，男女都是。网上常有这种言论：如果他能帮你剪指甲、系鞋带，吃你的剩饭就嫁了吧——这就是典型找妈心态。童年没有得到父母的爱，渴望从爱人身上补偿。

即使你找到了一个像妈妈一样的伴侣，从此就幸福了吗？想想中国式父母的特点吧，你父母是怎样爱你的？典型的爱你的方式是：生活起居照顾得无微不至，精神上严密控制，限制你的自由，美其名曰“都是为你好”！你活到二三十岁，好不容易脱离了一个妈，还要去找一个妈来照顾+管制？

剪指甲、系鞋带、吃剩饭……偶尔为之是情侣之间的乐趣。为什么有些女生要把这些上升到那么高的高度，男人为她做这些事情就值得嫁了？其实，那些举动都是父母对幼儿做的事情，这些女生渴望的“爱”是自我矮化，把自己当孩子，把爱人当父母。对应的男人版：她能为我洗衣做饭生孩子，就可以娶了。

@流浪加法plus：从我个人女性角度，伴侣最好更强大，不用我操心任何琐事。

答：上帝让我问你一句：你用什么东西跟你那强大的伴侣交换？他为什么要你？你该不会说“就因为我是个女人”吧？上帝还让我问你一句：你那强大的伴侣太强大，喜欢做慈善，要为四五个你这样的女人同时操心，咋样？女人恋父——男求貌女求财——婚后男人财富持续上升，女人容貌持续下降——小二小三小四竞争上岗——女人成为快速消费品。这样的怪圈，你想进入吗？

@鬼头蛏子：我真心希望有些女人能够摆脱恋父情结，用平等的眼光和心态跟男人交往。如果那一天真正到来，我相信大部分中国男人能不专注于买房买车，而去关注锻炼身材，提升形象和气质，培养个人兴趣爱好。

答：那一天不会马上来到，估计要几十年后，而一小部分女人是先行者。

@职业规划师孙嘉懿：作为先行者的这一小部分女人面对的阻力中，一部分来自这个男权社会，另一部分来自女人，而其中最尖酸最刻薄的那部分往往也是来自女人。

答：是的，党同伐异，打压先行者，以证明自己的无能鄙俗是正确的。典型的做法：某些已婚妇女日子过得跟狗一样，却要嘲笑剩女。

特别提醒迷恋艺术男的女人，不要自我催眠自比李安的太太，当年上帝没有给她托梦说李安会有今天。艺术男能成功凤毛麟角，没有“我养你到底”的气魄和能力，不要找他们做老公。我认识一个女广告销售找了一个画油画的结婚，嫌他的画卖不出好价钱，逼他改行当广告销售。这不是有病吗?

@软绵绵战士贱贱：迷恋艺术男当然是要欣赏他们的才华和疯狂啊，必须拿出“欧巴真的是不食人间烟火，而我却只有钱”的气魄才行！那些把艺术男当潜力股去逼迫的，不是有病吗?

答：古今中外，艺术男都是富有女人的专属，普通女人当他们粉丝就好啦。

评论里马上看到了“吃软饭”。这本来就是男尊女卑的价值观，反过来，我们可以说女人“吃硬饭”吗？或者叫“求长期饭票”，或者更刻薄地说“长期卖淫”？一家子一口锅，谁往里面添米都可以，管他软硬，千金难买我愿意。

有个女生坚持说：我只想找个让我仰视的，虽然难度很大，但我依旧坚持仰视！答：有个办法，让你的收入变低一点，让你的见识变少一点，让你的大脑变迟钝一点，让你的胆子再小一点，让你的自我管理能力再弱一点——哗啦，能让你仰视的男人就出现啦！

传统中国男人喜欢被女人仰视的感觉，如今是越发难了，所以要去找越南新娘了。等越南的经济也发达到中国这样，女人也不用外嫁求生存了，他们可以去更穷的地方找被仰视的感觉，亚洲的穷国家多着呢，非洲还有一大片。男人想要往下找，有的是。有一种说法，最容易找到结婚对象的女人是：26岁，月入三千，工作不忙，大专学历，相貌普通，胸无大志。为什么？随便一个月入八千的男人，都够她仰视啦。可是又有哪个女人会放着三万月薪不挣，故意要三千，只为了好嫁人？有毛病啊！

有女人说：女人一定要找一个能让自己仰视和崇拜的男人，家庭才幸福。答：呵呵，这么说的人要么太年轻没生活经历，要么自己在社会中的级别很低。家中无伟人，哪怕婚前让你仰视的男人，婚后都可能让你嫌弃；你月入三千，可以让你仰视的男人当然很多；你月入三万，能平视男人就不错了。

@12点睡5点半起：家庭内，是夫妻两个人之间比较，妻子比丈夫挣得多，丈夫难免有压力。还有外部的比较，比如妻子有亲姐妹或闺密，姐妹夫之间的比较也很普遍。更受不了的是，还有可能跟前男友比，这个真是无解。男人压力大，谁让你参照系太多呢。

答：直接跟她说，找你前男友去！

男人小时候被父母比着“别人家的孩子”长大，结婚了被老婆对比“别人家的老公”，愚蠢的女人就是这样毁老公毁儿子。我做过一个咨询，老公十几年被老婆跟“人家的老公”比，终于高收入了，一脚把她踹了。

一位年轻的丈夫说：经济是决定家庭地位的重要因素，家庭地位高不代表对太太不尊重，但是若太太赚得比先生多太多总不是那么回事。个人觉得再怎么平等，女性都需要一个值得她仰视的男人，而经济能力又是最显而易见的指标。我认识他和他太太，逗他：我看你老婆以后很可能赚得比你多，怕不怕呀？！

有人说：家庭很简单，男人创造财富，女人照顾家庭，家庭就能稳定。——以前的家庭确实如此，今天这个观念越来越OUT（过时）了，因为同样能创造财富的女人越来越多了。换句话说，穷女人更需要婚姻。收入高的女人想结婚必须更新观念，如果还是硬要男人比你赚钱多，恐怕难免剩下。

恋爱到了谈婚论嫁的地步，务必做好财务规划，了解双方的财务状况，职业发展前景，5年10年后我们大概能挣多少钱，能过上什么样的物质生活，能承受的最坏状况。爱情和面包不矛盾，问题是你要清楚你们有多大的面包。不清楚5年10年后能挣多少钱？参考比你工龄高5年10年的同事上司。

潜力股是个伪概念，因为这是个现金兑现后倒推过来的说法，只要没兑现，你都不知道所谓潜力哪天能变实力。所以，把钱看得很重，认为男人挣钱一定要比自己多的女人，不要幻想穷小子可能是潜力股，奋斗不等于一定会有钱。还有，30岁时他钱比你多，40岁你钱反而比他多了，很正常。

## / 女人为什么会犯傻？ /

恋爱训练营我和BOB的助理要走了，不干了，去日本。她37岁，本来被她妈和周围人认定嫁不出去了，人家悄悄地找了个日本老公，相亲认识，结婚，怀孕，满脸喜气。昨天我才吃到喜糖。恭喜恭喜！她是个最棒的助理，很舍不得。你是恋爱训练营励志姐啊，永远不要说：我已经很老了。

我发了一条祝贺她的微博，招来了各种评论，很有意思。我的微博就是照妖镜，照出各种人心：酸葡萄，走极端简单归纳，把一人的行为扩大到一国。看看评论吧：

- **这种（大龄剩女）只好远嫁她乡了**。**——有那么凄惨吗？**
- **在外国男人眼里37岁还是小妹妹呢，日本男人解救中国大龄剩女**。**——你说的是哪种外国，日本不男尊女卑，不盛行青春文化？**
- **日本男人很靠谱**。

请不要简单把一个人的行为归结为一个国家、一个性别、一个种族的行为！日本不是欧美，跟中国一样盛行青春文化、男尊女卑，他们只能代表他们自己。反之，37岁的中国女人跟中国男人初婚再婚的也比比皆是。简单归纳貌似简单，副作用——让你愚蠢！

我的微博评论里有一女喷1973年男三婚娶1991年女，她说男人就喜欢小的，又不屑地说：他这条件算金领，可是他要付三个孩子的抚养费，再养车，再婚还要生孩子养，这种收入哪里算好？房价三万一平，他有房也只能住，换不成钱。——怪了，人家你情我愿，关你屁事啊。你自己找不到男人，全世界都要负责吗？

羡慕，嫉妒，恨！

我尽量不刻薄。看到这种言论实在忍不住：这个男人你看不上，不许人家1991年女生看上吗？你1985年的？1980年的？这个女孩抢了你的份额吗？你不是讨厌唯条件论吗，怎么说着说着就算上房价了？钱钱钱！人家女孩还喜欢这个男人，不嫌弃他有三个孩子要付抚养费，不行吗？！你叽歪啥呀？！

女人为什么会犯傻？

在深圳讲座上，有女生说网恋被骗钱，居然没见过面就狂爱上了。他说缺钱，她就给了。她说“我太善良”。我说你的标签贴错了，你是“妄念”，爱情童话看多了，人都没见过就希望落在自己身上。

一女生说相亲男第二面就认定她是老婆，带去见家长，第五面后人就消失了。她说“我太单纯”。我说，你贴错标签了，你是“太单——蠢”。她马上又说：我有心理创伤。现在这个标签也很流行，还有“我的原生家庭有问题”，看了几本心理学书上了一些课，唯一的收获是换了“科学”的新标签。潜台词依然是：都是别人的错，我没问题，我是受害者。

曾经有一个被隐婚男人欺骗的女人跟我做咨询，她说：他的骗术并不高明，有很多疑点，是我自己怕当剩女急着结婚，不肯去面对，骗自己我多心了，结果……如果我是旁观者，我都会说我自己是个傻×。

女人为什么会犯傻？因为有贪念。这两个女生的贪念都是：幻想有不寻常的爱落到自己身上，不见面对方就会爱我，第二面男人就能确定我是老婆，不费周折，命中注定啊。倒霉后小心给自己贴的标签，如果还是“太善良，太单纯”，难免有下次被同一块石头绊倒，连跌倒的姿势都是一样的。

## / 知青子女、支边子女、留守儿童的婚恋 /

你是知青子女、支边子女吗？上海众多的70后80后都是知青子女、支边子女。叶辛同名小说改编的电视剧《孽债》有生动的描写，曾经在上海红极一时。父母离开上海远赴边疆或偏远地区，无奈把子女留在上海给自己的父母或其他亲戚照管。如果你是知青、支边子女，你小时候的感受是什么？ 后来跟父母关系如何？ 对你现在的婚恋有什么影响？

知青子女、支边子女、留守儿童，父母忙碌祖辈抚养，在我的咨客中这样的非常多，表面上都是来咨询恋爱婚姻的，深挖下去都是童年创伤，成年后无法建立健康的两性关系。有的严重到人格障碍，我要转介给做精神分析的咨询师做长期治疗。

0~6岁对人的性格塑造至关重要，民间俗语“三岁看老”，三岁前你记不得的事都留在潜意识里并在以后显现出来，这是世界上最著名的两个心理学家之一荣格的理论。童年的最大创伤是父母分离，经典人物林黛玉。同样寄人篱下的遭遇还有史湘云，但是林黛玉多史湘云少。

女人凡是咨询时陈述“恋爱总是受伤”“总是遇人不淑”“严重没有安全感”，我都会追问她的家庭情况，她从小是谁带大的。果然，都是关系恶劣的家庭，或被隔代抚养。这样的女人不是找爱人，是找替代父母。如果“遇人不淑”重复在你身上发生，那就是你的问题了，需要找心理咨询师挖掘根源自我疗愈，否则你就像一颗定时炸弹，跟谁恋爱都炸，心里伤痕累累，无法建立健康的恋爱关系。

现在依然有年轻无知的父母以为孩子7岁上学前啥也不懂，跟小宠物一样只要管吃喝穿衣就好，把孩子完全扔给爷爷奶奶，自己依然像单身时那么潇洒。这对孩子的人格养成危害太大，等上学你再接回来？那就等着面对问题孩子吧。

父母总是说要给孩子最好的。什么是最好的？最好的不是优越的物质条件，而是父母的陪伴和关心。有的父母迷信贵族幼儿园和小学，全托，以为这样孩子就能赢在起跑线上。他们以为教育就是学知识考好成绩，殊不知幼小的孩子一周五天跟父母分离，会造成严重焦虑，老师不能替代父母。陪伴孩子跟培养孩子的独立自主，从来就不矛盾，可叹很多中国父母的思维爱走极端，非此即彼，幼儿园就把孩子全托，以为这样可以培养孩子的独立性。无知的父母需要学习。

网友说我就是你说的知青子女，从小缺爱、自卑、没有安全感，怎么办？

- **首先要有觉察，知道是自己的问题，而不是找不到好男人好女人，父母没做到的，不要指望爱人补偿。**
- **看心理学书籍，找心理咨询师面谈，上心灵成长的课程。**
- **做慈善公益，帮助跟你有同样经历的人，比如留守儿童。**
- **等你自己做父母时，从怀孕开始就学习儿童心理学，学习**

**亲子关系，去上课，自己亲身实践，当比你的父母更好的父母！**

离开家乡到大城市打拼的年轻人，工作没几年收入不高，背房贷结婚，年近三十想生孩子，谁来帮带是个难题。生下来就送回老家是最糟糕的办法，0~6岁是孩子人格养成的关键时期，父母要亲自带。父母不能从老家来帮带怎么办？九年前我生双胞胎，没有老人帮忙，我用六个月产假培训了一个信得过的阿姨。

我上班以后，家里就只有24小时阿姨和一个钟点工带孩子，晚上我回来一起带，记得有一晚上起来八次的纪录，累得跟狗一样，一下子长出了白发。那时就盼着出差，可以睡个整觉。阿姨跟了我们七年，亲如一家，现在我的孩子阿德阿赛还常去看她。做父母很辛苦，不是有钱雇三个阿姨就可以，你要有心理准备。

网友问：怎么培训阿姨？怎么留住？答：我找的阿姨四川人，高中文化程度，爱学习，育儿理念与时俱进。怎么留住？很简单，我待她如家人，帮她子女找工作，带孩子一起跟她回家乡探亲，管她的父母叫外公、外婆……一直到她女儿生孩子了，她才离开，现在两家还经常往来，她是阿德阿赛另一个妈妈。

## / 你欠他/她当面说分手 /

一对男女恋爱半年，男人发短信说“我们分手吧”，女人问不出任何理由，很难过。我认识男人，跟他说用短信分手不是大丈夫的行为，你欠她当面说分手。他们一起来咨询，因深入了解发现不合适而分手，很正常。女人释然了，也看到了自己的问题。

分手不能用短信微信通知，要面对面说，无论这对你有多么困难，这是对曾经爱过的他/她最基本的尊重，是你最后一次对他/她示好，是给他/她留下一个好印象的最后机会。葛优说的，买卖散了情义在。

@casper之之：我每次想分手时就会特别作，故意发脾气，然后对方受不了就提出分手或者不联系我，我也就把责任推给他，说是他不喜欢我啊，我已经努力过啦，不关我的事啊……这也是病！得改！

——嗬嗬，这叫放倒钩，钓鱼执法！

有这么几件事一定要当面说，不可以发短信微信什么的：辞职、加工资、分手、离婚。因为这些事太重要了，需要面对面跟对方说清楚，不可逃避。我曾在外企工作过15年，有个下属发短信说要加工资，我回“当面说”。来了我问她为什么不当面提，她说怕你不同意，我说发短信我肯定不同意。

## / 工作求糊口，婚姻求凑合 /

恋爱训练营三个月私教课程的学员，每10人一个微信群，每天我和BOB观察他们在聊什么，看到问题就切入。昨天看有个群在聊工作，出现频率最高的是“无奈”“糊口”“对工作没热情”，看得我想死的心都有。我称他们“糊口帮”。工作以糊口为目标，婚姻会怎么样？不就是以凑合为目标吗？

我曾在外企工作过15年，我在群里跟“糊口帮”说：如果我今天还在企业，会对HR说，你们这路的，一个都不要！

我在微信群里问他们：守着不喜欢无热情的工作到退休，抱怨到退休；守着无爱的婚姻凑合到死，抱怨到死。这就是你们想要的苦逼人生？

一女说“这是我们80后的通病”，我说，少拿“我们这代人”当借口，你只能代表你自己！我见过的积极进取的80后多了去了。

恋爱训练营为什么要设三个月？因为至少三个月，通过我们设置的诸多讲座、活动，他们尝试结交新朋友、学员们的言谈举止、在微信上的交流，我才能发现他们的问题，帮他们挑毛病。他们付我钱就是为了让我挑毛病，平时生活中没人会提点他们。

拥有积极的人生态度，锐意进取，不怕困难，才会有好的工作，才会有可持续发展的可能，恋爱婚姻也一样。唉声叹气，两眼无光，只会说大环境不好，你还能有什么呢？

@80后的俗女莫大婶：姐姐你说得太对了，其实这样的思想是他们爹妈那辈洗脑的结果！估计他们爹妈都是当年在单位吃大锅饭拿一点死工资死扒着到老的那一代人。他们眼中只有大锅饭能带来安全感，害怕变化，即使有发财的机会他们也抓不住，因为不敢。

## 关于男人的细枝末节

你知道他/她遛狗的路线，你知道他/她买早点的摊点，你知道他/她很多，只是……你不知道他/她名字！年轻，喜欢一个人，就要去追！

## / 男人靠什么吸引女人？ /

好玩的派对游戏：拍卖男人 。让女生过一把女权瘾。模拟拍卖会，男人依次站出来自吹自擂，说说女人买他的好处，各种手段展现自己，秀肌肉秀才艺都行。一元起价，女人每次举牌叫价至少涨一元。每个女人只能买一个男人，男人不得拒绝。交易完成男人坐女人身边听使唤送她回家，然后，你们自便……

这个游戏对男人的挑战是：你手里没有钱，不能用钱来展现自己，那么，你还有什么可以吸引女人的地方呢？游戏中很多男职场精英落马，因为不善言辞、不会表达、不帅、不懂女人……而女人的思考是，如果你有了钱，对男人的要求会不同吗？

某次派对我们玩这个游戏，结果冠军是50多岁的香港《号外》杂志创始人陈冠中先生，250元高价被售出！二三十岁的年轻男人各种秀都比不过他的儒雅风度，对女人殷勤有度，老克勒风度无人可敌啊。

朋友给我看一富豪男照片，50多岁离婚有孩，长相中下等，问有没有30岁女人介绍给他。我说那还不容易，婚介所大把。她说，男人要找信得过的，不冲他钱来的。切，50多岁不帅，想要30岁女人，不冲钱来冲什么。此男信风水大师，相亲必先看面相。我邪恶地想：如一丑女买通风水师……

有些男人真的很搞笑，年轻没钱的时候一派屌丝滚滚来，“女人不喜欢我因为我没钱，只要老子以后有了钱，想要什么样的女人不可以”。后来发达了有钱了，又害怕女人冲他钱来。没钱不行，有钱也不行，还要风水大师帮相面，自宫得了。

屌丝心态：一个男生对一个女生颇有好感，常关注她微博。看到她晒的几张去高级餐厅的照片，就担心她的消费太高，自己承受不了，问我要不要去交往。唉，你月入也一万多，什么高级餐厅一个人又能吃多少钱。晒照片更说明她不是常客。哆嗦什么呀！没去过高级餐厅？自己去看一下吧，不收门票的。

男网友：男人都喜欢温柔贤惠的女人。女人味就是温柔贤惠。什么是温柔贤惠？就是女人要让男人感受到被跟从的感觉。——我忍不住吐槽：如今的男人需要自问——我有何德何能，能让女人跟从？如今的家庭，男女共同负担经济分担家务，平等互助。跟从？就你那熊样，什么更熊的女人才能跟从！

很多这样的男生：三十出头，理科男，工作不错，月入两万，不帅但体健貌端，有婚房，人看着还舒服，貌似很适合结婚啊，姑娘们为什么还不动心？——哈哈，你少了那么点情趣。

一男生在交友派对上认识一女，很动心，但是明显感觉她没有，她表示愿意再见（哈，貌似来听过我们课似的，只要不讨厌，彼此给四次机会），男问怎么办？我说，第二次你要精心策划见面的地点和活动，给她惊喜，不能再星巴克了，你那口才太次。春天来了，去郊游，制造浪漫，让大自然帮帮你。

他说，想约她去杭州。好啊，想好一天的路线，哪里的风景、哪个餐馆最适合谈情说爱，在超五星的安缦酒店走走，那里在山上有和茶馆佛学院，幽静，晴天雨天情调都很好；天擦黑的时候在西湖边晚餐，让暮色给你化点妆……男生听呆了，吴老师，要这么详细啊？知道什么叫情商了吧！

请勿把情商=钱商。你请女生吃生猛海鲜大龙虾，送她贵重礼物，不见得能打动她（穷得要死的除外）。女人是情绪动物情感动物，最想要的是——浪漫。不懂的男人赶紧学。在遮天蔽日的梧桐树荫下漫步，是免费的。

情商这件事有天赋的没几个，男女都要学，女生也去踩个点，下次相亲、约会，男生问你去哪里，就不要说“随便”啦。

@浮生若有双廊梦：您真是，细心周到，手把手，苦口婆心地教啊！还要教男生，事先踩点，安排机关，一坐下，咖啡馆给个带名字的蛋糕，放个特别的音乐。我要是男生就好啦！

——不懂不要紧，愿意学就好。来恋爱训练营的男生，三个月简直变了个人！

## / 男人不思进取，你失望了？ /

@Zoeis：吴老师，如果男人能分担带小孩和家务，女人赚钱养家当然没问题，可是很多男人在金钱上就说男女平等，在家务小孩上就说是女人的任务，让人反感。我很多女性朋友既要承担家里主要经济任务，还要带小孩做家务，真的活得很崩溃。

答：问问你的女朋友们，当初为什么选这样的老公，图什么？姑娘你是单身吧？不懂婚姻里的那些事。听到闺密抱怨老公，请你不要无条件地同情和支持，他们的家到底念的什么经，你还真不知道。跟我咨询的婚姻有问题的夫妻，都说自己是受害者，都说“是他/她不好”，讲出来的故事是罗生门，你会疑惑他们是在一个屋檐下生活吗？

@Zoeis：她当年是因为爱情结合，不顾家里反对男人家贫坚持结婚，婚前感情很好，可结婚以后男的就算努力也赚不了钱，养不起家，女的反而事业得到不错的发展，男的自卑逃避责任，对家庭也没有责任心，什么都不管。

——原来这是故事的前传。对比一下妻子对男人的指责，发现了什么？

我做过类似咨询：女人嫁了穷小子，满心希望他会奋斗出个成功来，可他不是李安。女人也不是李安的太太，有意无意嫌弃男人挣钱比自己少，各种强势，不顾男人感受；男人受挫自卑，找不到自己在家里的位置，他的付出都被女人否定看轻，然后，他就当甩手掌柜了。这才是故事的全貌。

如果你的朋友说他/她的婚姻不好，都是老公或老婆的错，抱怨指责对方不思进取、不负责任，听听就好，不要无条件地同情和支持。特别是单身的朋友，当事人向你叙述的他/她的婚姻故事，都是删节版、失忆版、自我表扬版，中心思想是“我没错，我是受害者，都是他/她 不好”。

@晓君荷本：故事还可以这样编。恋爱时男人的没钱，迎合了女人的拯救，女人体验了自我价值，男人收获了“无条件接纳的好妈妈”。婚姻里，面对不同的任务，拯救与被拯救的模式不再适用于当前，不再能解决冲突，可是他们又没有找到更智慧的办法，于是，女人说“我不干了”！男人说“好妈妈不见了”。

我做过的咨询案例：女人十几年如一日鞭策老公要上进，嫌他挣钱少，她自己也不多，结婚时丈夫月入只比她高一点。她经常说“我朋友的老公挣多少多少……”一直鞭策老公到四十出头年入百万，她还是每月六七千。男人觉得自己钱多了依然没有得到什么爱，坚决要求离婚。唉，钱有了，人没了。

@埃及小猫：曾经很长一段时间，我爸收入比我妈低，为此我妈没少数落过我爸，这让我心里很不好受。长大之后问过我爸，对这事儿怎么看。我爸表示夫妻双方收入总是一个高一个低，而他只是恰好收入低的那个，仅此而已。我对我爸的感觉——肃然起敬！

@邪恶的猫妖怪：《心理月刊》以前的文章《男人不思进取，你失望了？》，好几个案例，也有分析。

——非常好的文章，谢谢分享。男人挣钱比我少，男人不努力，男人没有责任心……有这样苦恼的女人必读。文中有句话很有趣：男人为什么从来不讨论女人不思进取呢？

@DancemanBOB刘忠：幸福的夫妻之道，我总结为两点：1.愿意原则，就是我愿意为你做这个，而不是为什么是我做这个，一讲道理好关系就玩完；2.坏人原则，总是说“对不起亲爱的，是我的错”，而不是说都是你怎么怎么。

金钱纠纷，是夫妻反目离婚的一大原因。中国传统的价值观，男人挣钱比女人少，对夫妻双方来说，都难以接受，难以平衡。然而新时代，妻子发展得比丈夫好挣钱多的比比皆是，需要夫妻双方抛弃传统观念，建设新的金钱观。这一点，欧美的家庭已经树立了可效仿的榜样。

## / 小心这样的“好”男人 /

之一：“负责任”的好男人

他跟你结婚的时候心里还装着别人，或者期待以后遇见真爱，你只不过是他理性层面认为“适合当老婆”的人，或父母的选择。他很纠结，但是结婚的消息已经发出去了，面子比什么都重要。他不想当坏人，要给你个交代。——一场民间春晚，他自认是个负责任的男人，狗血剧将在婚礼结束后上演。

之二：帅哥的软肋

跟两个单身帅哥聊天（其他条件也都很好），问他们为什么三十多了还单着？他们的苦恼是：因为帅，身边总是围着一堆女追求者，被宠坏了。不会拒绝，也不会主动追求，所以，老是落在他不那么喜欢的女人手上。

一老帅哥结婚两次两个孩子，说自己都不知道是怎么结的怎么生的，反正都是被牵着鼻子走。他自己追求的女人老是追不到，或者后来劈腿，他的小心脏受不了。猛烈追他的女人虽说不是他所爱，但是她们如此坚定地要他，永远不会离开他，让他心安。他选择：找个更爱我的人。“你不能一个人吗？”“我怕孤独……”

之三：离婚不离家

我做了10年两性关系心理咨询师，看到了人性的种种弱点和不堪，跟朋友开玩笑说人类真是劣等生物，比不上野生动物顽强。比如有的男人对婚姻不满闹离婚要自由，老婆答应了，办了离婚证，男人却不搬出去。为什么？因为他没地方可去（没情人），不想一个人住，贪恋家的温暖。

家，对这样的男人来说是他+孩子+孩子他妈（不是他的爱人，无性欲），老婆貌似他的另一个妈，他想要更刺激的男女关系，但是他也需要一个永远对他敞开大门、留灯留饭等他的“妈”。很多人嘴上嚷嚷要自由，其实是叶公好龙。在没有第二个女人收留他之前，他就赖在家里，老婆也乐意，说不定过一阵就复婚了。

评论里30岁单女说：没男人，好男人都结婚了。我问：你的好男人定义是什么？她说：有良心，懂得爱和被爱，有责任感。你以为结婚的男人都这么上品？你这是标准的“剩女”思维，不破的话永远找不到男人。“好男人”是个伪命题，是婚姻打磨出来的，他们单身的时候你也看不上。

一个30岁单女找我咨询，倾慕40岁的已婚有孩男上司，上司也会撩拨她。她脑子还算清楚，知道这样的40岁“好男人”是被婚姻滋润打磨过的，他30岁的时候她未必会看得上。40岁已婚有事业外表也不错的男人，撩拨经验不多的单女，简直是——用上海话说“分分钟搞定”。

## / 男人为什么不主动？ /

恋爱训练营“男生特高科”第一次在摩砚酒吧开练。来了六个男生；几对结伴而来的女生，很期待被搭讪；五个男生踊跃积极，一个很纠结不敢尝试。我问那个男学员你怕什么？知道来酒吧的女生是干吗来的？等着被你搭讪啊！

男生需要克服的是好面子、被拒绝的恐惧。一男说：“我又不是高富帅，怎么能去搭讪女生，我希望我坐在这里，女生主动来搭讪我。”你不是高富帅，凭什么女人要主动来搭讪你？！无论是不是高富帅，追女人难道不是男人的天职吗？

恋爱训练营鼓励男人积极勇敢主动追；教女人拥有开放的心态，吸引男人来追求自己（其实是女人导演的），但是把主动的动作留给男人。昨晚有结伴而来等待被搭讪的女生，可是整晚你都跟女伴紧密地坐在一起窃窃私语，男生没缝插针啊，两个女生一起坐在有帘子的卡座里，男生上前就更难啦。请一个人坐着，用眼神寻找你感兴趣的男人，盯着他看，如果他也看到你了，冲他微笑，看看他会不会走过来搭讪，不过来拉倒，继续找下一个目标。

俗话说：哪个少女不怀春，哪个少男不钟情。青春期发育后，人的本能驱动自然会对异性发生兴趣，渴望爱情，渴望身体接触，就是所谓的情窦初开。可是如今我看到很多二三十岁的男女情窦从未开过，也就无心恋爱，一想到异性只有“麻烦”。性欲，男女关系的动力，按照弗洛伊德的说法乃是人类一切活动的动力。没有性欲，对异性没有渴望，对爱情无渴望，一想到异性就跳出“麻烦”两字，日本的食草男女现象在中国也开始蔓延了。

“男生特高科”第二次，来了个30岁从来没恋爱过的男人。问他为什么不恋爱，他说因为以前还不想结婚，现在觉得该考虑了，来学习怎么恋爱。不结婚就不用谈恋爱了？如果你35岁才想结婚，那么到34岁才谈恋爱？你是同性恋吗？不是。就是陷在一个人的世界里，不关注女人。你的性欲如何解决的呢？性欲？（他不肯说。）人还长得挺帅，唉，可惜了。

我无比同情80后女生，独生子女政策和网络造就一代“假”男人，不敢追女人，人际交往能力差。昨晚闺密简昉（互联网创业者，上海的电视名嘴）来观战，我让男生搭讪她，能把活色生香的简老师搭上，什么女人不可以。简老师教育14岁的女儿：未来你面临很大的竞争，到处都是“假”男人，真男人就那么少，女人都想要。

我问很多30岁都没恋爱过的宅男宅女，为什么没兴趣恋爱和做爱？他们说：电脑太好玩了。为什么现在那么多男人对追女人毫无兴趣，美国TED（剧院式演讲）一演讲者说：很多男人从电脑上看色情视频自摸自HIGH（兴奋），习惯了随手可得的强刺激，没耐心在真实世界跟女人从调情、恋爱到做爱一步步走。

换句话说，这些男人已经分辨不出电脑上带来的性刺激和跟一个女人真刀真枪的性爱有什么区别。人的异化，从性能力的丧失开始。以前，追女人是最大的乐趣。如今，对很多男人来说，追女人是最大的负担和麻烦。跟电脑上的苍井空老师比，现实世界里哪里还有性感美女呢？

@毛豆豆79：这就是很多男孩目前的现状，虚拟社会太美好，现实社会太残忍，他们选择了逃避。从古至今，自打有人类开始，现实社会都是残忍的，野蛮生长，适者生存。只不过以前没有电脑，没有虚拟社会（除非出家当和尚尼姑），没地方逃避，只好硬着头皮上。

@芸香葳蕤：男生在首先被女生吸引，并且知道自己出手胜算很大的情况下，才会主动。

@纷纷红：太容易得到，现在的女人把男人都惯坏了。

@大头娃娃万花筒：男人吧，现在唱个歌比女生声还小，哼哼叽叽，看着就烦。

@天缘skylove：哈，男人大多都在挣钱买房买车啊。男人也有自己的爱好要消费，也有自己的父母要赡养，身材要锻炼保养，朋友要结交应酬，职场要提升……三十左右都活明白了，怎么可能把大把时间、精力、财力花费到应付一些女生为满足自己虚荣心的“作”和“矫情”上面呢？

@小川呀：不是不主动，是主动了之后，就被某些女人当贼似的防着。

@喜欢做盘子的Lance：我觉得凡事不过三，男人主动三次，如果女的还是很冷淡，那么只能说明女的没兴趣，如果男的再主动就是不知趣了。相反，如果男的坚持很久才追到女生，我倒会觉得女生是不是把男的当备胎或目的不单纯。

@小石头kt：本来约好这个周末相亲，某男到现在也没来电，猜测应该是从空间看到照片不满意，敢情也是外貌协会的，不见也罢。

@卢炫炫：男人对瞅准的目标决不会继续矜持，所以被动无非是目标的问题。

@喧嚣尤转空城：虽然不主动，但也不拒绝，所以就可以不承担。

@王嵘TED：从小被扼杀，萌芽被摧残，所以谈恋爱这个技能真的需要后天学习，先天不足。

@Monkey-D-24601：女人太凶悍，搭讪就认为你是流氓、不务正业等，碰壁多了谁还会主动呢？

广播里正在播别克昂科拉的广告，售价15万至20万。那个不敢搭讪女生的20多岁男，没有父母资助，买得起吗？如今年轻男人不主动，第一原因无自信。自信，是有条件的。如今的价值观，钱是衡量一切的标准，20多岁无父母资助全靠自己打拼的男人“无价值”感严重，哪里有自信追女人。单一价值观扼杀男人血性。

广播里又一个好棒的汽车广告：你知道他/她遛狗的路线，你知道他/她买早点的摊点，你知道他/她 很多，只是……你不知道他/她名字！年轻，喜欢一个人，就要去追！（我不知道文本中的他/她是“他”还是“她”。有女生问我男人为什么都那么被动，如今男人阴性气质多，你害怕的他们都害怕。）

如今女人难做，Y染色体退化，有血性不怕被拒绝脸皮厚的男人不多啊，只好用貌似被动的方式主动。飞来戏剧创始人沈飞来恋爱训练营做讲座时说：其实女人情商本来就比男人高，完全可以把男人玩弄于股掌之间，我们男人也很愿意！——哈哈，说得轻松，这可是高级活，一般女生哪会啊！

如果你是这个剧情中的女生，你发现了那个男生的蠢蠢欲动和犹豫不决，你觉得颇有眼缘，你会怎么做？

如今，女汉子常见，男子汉不常见。你以为他不主动是因为不够喜欢她吗？你需要更新一下对现在80后男生的认知，他们跟女生一样，怕主动后被拒绝，怕受伤，怕自作多情……一句话，你怕的他都怕。所以，你一定要多多鼓励男生对你发起进攻，也就是说，其实是你一手导演的。

## / 镇得住你的男人，你真的会买账吗？ /

我一个33岁的单身女友，在她的行业里在同龄人中可谓佼佼者，她执意要找镇得住她的男人。我跟她说没戏，即使遇到了能镇得住她的男人，就两种可能：1.假象，了解深了，她就会发现对方一大堆弱点；2.他镇得住她，可是凭她的强势个性，她怎么会听话呢？

我逗她：没事镇什么镇啊，能找到一个平等的朋友型的老公，互相鼓励支持已经很好了。您老年纪不小了，社会地位也挺高，少女情怀挥之不去啊。

好些品貌俱佳、事业有成的30多岁单女就这样“剩”下了。她们一方面很成熟，一方面很天真，总是读不懂男人，痴迷于那个“镇得住自己的男人”。她们以为自己是白雪公主，等待那个镇得住自己的王子，其实——靠，您老是女王啊！

如今30多岁的成功女人不少，可是她们想要的比她们更成功的男人，大部分不想要她们，嫌她们年纪大不够漂亮+强势不听话。经济地位改写男女关系，成功的熟女们如果一味秉持古老的“男人要比我强”的观念，那么在中国被“剩下”的可能性就很高了。

女网友：30至40岁女人很有魅力，中国的成功男人为什么不喜欢?

答：

- **30至40岁很有魅力的女人，在20至30岁的时候就很有魅力，身边男人多多。不要指望一个20至30岁毫无魅力的长相平常的宅女，没有什么恋爱经验，到了30至40岁忽然魅力四射，她是被雷劈了吗?**
- **中国盛行青春文化，熟女不被男人待见。**

我有一位60多岁的女性朋友，跟我说：男人老了身上有臭味，自家老头子是年轻时几十年一起过来的，习惯了不嫌弃。她想不通那些扑六七十岁爷爷辈的小姑娘是怎么做到的，她们不嫌臭吗，没有生理反应?我说我也不知道。日本片《凤尾蝶》《金鸡》里有教妓女碰上恶心的客人怎么办，难道这些小姑娘也学过了?

中国50后这代，因历史原因受的苦太多，有一些50后企业家肆无忌惮搞小三包二奶。他们的派头是：顺我者昌，逆我者亡。不单是50后男人，一些出身贫寒后来发达的男人身上，也有这种找补偿的戾气，见到这样的“成功男”，小心鉴别。

我的社交圈子里有一些五六十岁经历过“文化大革命”当过知青的男人，如今功成名就有钱有名有地位。可是他们身上有一种戾气，特喜欢说：我什么人没见过，“文革”的时候如何如何……感觉社会是欠他们的，今天他们翻身做主人了就要加倍偿还，场面上道貌岸然，私下里谈找80后90后采阴补阳。他们是“文革”受害者也是余孽。

## / 可是说好的宁缺毋滥呢？ /

一个29岁从来没有恋爱过的女生，好不容易交往了一个男朋友，可是她不太满意，问我：我只能要这样的男人吗？我说：我也很希望你能得到一个比他灵10倍、100倍的男人，你有本事搞到吗？找对象是打猎，不是坐在餐馆点菜：“我要吃龙虾，你怎么给我蛤蜊？”

这是很多单身女人问我的问题。这样的男人是：30岁几乎没恋爱过，有的是处男，内向木讷，理工技术男，月入一两万，标准技术男的打扮，没有女生想要的帅气、气质和情调。反观不甘心的女生，其实也一样：30岁几乎没恋爱过，有的是处女，内向害羞，也不太懂打扮，月入一万多，没有单身男想要的美貌、性感和女性魅力。

我以前写过一句话：同类就不要互相嫌弃啦！如果感觉还可以，不管最后能不能走到结婚，谈个恋爱一起提升，一起学习怎么打扮，怎么跟异性相处；如果你们两个都是30岁没有性经验的，感觉还好的话，互相帮助破了处吧，一起学习怎么享受性爱。

我告诉这些不甘心的女生：按照你们目前的恋爱段位，那样的男人就是你目前能得到的、能够得着的最好的男人。仔细想一想，他不就是异性版的你吗？你想要的那些更好的优秀有气质有魅力的男人，你够不着啊，你连碰都碰不到，因为那样的男人通常不会出现在相亲场所。所以，不甘心，首先要提高你的恋爱段位。

一个29岁女生拉着我谈她自己：没有任何结识异性的渠道，没有为找对象做任何努力，说现在不急，但是说终归要恋爱结婚的。我问：那么你就这样等到32岁、35岁，能等到什么呢？而且到那时恐怕你的机会就更少了。她说：相亲男都好一般，不如不要。我说：恕我直言，你知道吗，在男人眼里你也很一般，长相一般，一般普通白领。你知道你想找什么样的吗？答：不知道，很模糊。——这就是问题所在。

做影视的朋友都知道，哪怕男女主角都是屌丝，演员也要靓（比如黄晓明演《中国合伙人》），普通人其实不普通。而现实生活中俞敏洪的长相没法跟黄晓明比，就是那么——普通。如果习惯以貌取人，并且不记得自己其实也长得很普通，性魅力普通，口才普通，收入普通……你懂的，不说了。

在恋爱训练营讲座上，我让一个男生上来做个体验：让他仔细看看一屋子几十个女生，我跟他说：你未来的老婆就是她们这样的女生，不是这个，就是那个，长相学历收入都一个档次，所谓中小白领，不会更好，也不会更坏。你们今天同时出现在这里，不是偶然的，你们是——同类！

这个体验，我也让女生做过，让她明白，她够得着的就是这样跟她一样不好不坏普通的白领男，因为你的生活圈子就这么窄。每次上来做这个体验的男女，都非常震撼，所谓道理都懂，面对面让他们看到自己的局限性，实在是……

女生问：可是说好的宁缺毋滥呢？答：我跟你说的是宁缺毋滥，可没让你坐以待毙，更没跟你说天上掉白马王子！不满意眼前这款，就要积极修炼打猎的本领。俗话说百里挑一，你得先有百啊，一个都没有，你挑什么啊？如何缩短理想和现实的距离？1. 降低理想；2.增长你现实的本领。

## / 女人催婚能催出什么名堂？ /

女30岁，男40岁（从未结过婚，有多次恋爱），恋爱两年关系很好，男人从未提过要结婚。女催婚，男用各种借口拖延。排除了他还有别的女人，找不到他不想结婚的原因。女人很抓狂。我问她：他到40岁了还从来没结过婚，为什么你就是那个终结者？

从现在开始的将来，会有越来越多的男人和女人不想结婚，不想生孩子，他们只想恋爱，不认同婚姻那种形式。跟经济条件无关，那是他们的选择，碰上了不要奇怪，不要说人家“有病”。有多少人这样？多少人跟你有啥关系，你想结婚，去找想结婚的就行了。

你能想到的理由：他不够爱我。你想不到的可能的理由是：1.他是个不婚主义者，从来没想过要结婚，不想要孩子。但是他需要恋爱，知道一上来就跟你说“其实我不想结婚”，你就不会跟他恋爱了。2. 他的经济条件很好，结婚生子底线是50岁。

女人习惯性地认为：表达“我爱你”的最高形式，就是结婚！不跟我结婚=不爱我。而很多男人的想法是：恋爱和结婚是两码事。

所以，他跟你结婚不一定等于“我爱死你了”；他不想跟你结婚也不一定等于“我不爱你”。对不婚主义的男人来说，他压根不认可婚姻这种形式，与爱无关。结婚意味着从此没有自由了，所以拖得越晚越好，想要孩子了再结婚。什么时候要孩子？对经济条件好的男人来讲，50岁、60岁，都可以啊。

@晚睡姐姐：女人都容易这么想“别人都是前戏，只有我是高潮”，比较容易满足虚荣心。这和男人兑门面做生意自信满满一样，“前几任老板都赔钱了，没关系，我不是他们”。

20世纪80年代初在上海，你爹妈那代人闹洞房的时候，捉弄新郎的把戏是：要他到邻居那里挨门挨户大喊“今天我做人啦”，意思是从今天开始，他可以合法做爱啦。在那个禁欲时代，婚前性行为是要流氓，有坐牢枪毙的可能。所以，那时结婚太有必要了，不然都做不了人！现在随便做人。

你爹的时代想有性必须结婚，男人的结婚动力很大。今天各种约炮神器，很多男人图省事只约炮不恋爱，他们认为到了需要结婚那一天再恋爱，或者跳过恋爱直接结婚。想得美，约炮和恋爱并经营长期关系完全是两种技术，所以，他们就很可能多离几次婚呗。

@未见桃花源：我周围就有这么一个，各方面硬件条件都很好，他连炮都懒得约直接嫖，我们经常嘲笑他这些年嫖娼的钱足够房子首付。他就觉得恋爱毫无意义，哄女孩子麻烦，结婚也就是生个孩子给父母个交代那么简单。不过N年前其实他有过一个女友，但被他厉害的老妈棒打了。

## 审视自己的家族和父母

千言万语一句话：做强大的自己！只有你自己内心强大，才能抵抗住父母的各种干扰。在父母那里的话语权也要靠你一点点争取来。从心理上，必须比你的父母站得高，看得远。

## / 春节逼婚，年年难过年年逼 /

以前有句俗语：王小二过年，年年难过年年过。现代版的俗语是：春节逼婚，年年难过年年逼。跟春晚有一拼的戏码叫逼婚，有人把春节写成“春劫”。2014年春节逼婚爆出了国际新闻，一位广州母亲在澳大利亚的报纸上登广告找儿子，因为老妈逼婚，儿子不肯回家过年，干脆断了联系，找不着了。老妈急得登报寻子，说想通了，不逼了，儿子能回家过年就好。

我创办的恋爱训练营，给来听讲座的年轻男女特别福利——把催婚的父母带来跟我聊聊。有位妈妈是我的粉丝，说观念被颠覆，时代真的不同了。以前她因为女儿找不到对象万分焦虑，失眠，怕出门见熟人，现在放松了很多。她说：“您的课程利两代人，父母听后有了提升，对于孩子来说多了个知己，少了一道绊。父母们通过几次学习，明白孩子的青春没过好，不会真正的社交。现在还好，来得及。”

80后跟50后父母的代际冲突激烈，是前几代人都没有的，这是过去30年中国巨变的结果。80后必须清醒意识到这不仅仅是代沟，而且是两个天差地别的时代的冲突。春节逼婚，在未来的10年里依然是春节的常规节目。80后想要顶住逼婚的压力，必须要做到以下几点：

- 经济独立，不啃老，不仰仗父母给钱买房买车；自己理财，而不是发了工资交给父母存着。
- 精神独立，对职业和婚姻有自己的主张，心理上不再把父母当“家长”。
- 只要经济允许就自立门户，搬出来住，自己理财，自己做家务。
- 即使你跟父母一起住，也要有自己的私人空间，比如，只要事先说一声就可以晚回家，他们不会夺命连环CALL（打电话）；你可以自己出去旅游，自己决定跟谁去。
- 在没有确定跟恋爱对象谈婚论嫁之前，不要轻易带回家见父母。哪怕父母逼问，也不透露自己目前跟对方交往的细节。
- 报喜不报忧，跟恋爱对象吵架，不向父母求助。知道父母难以接受的对方的弱项，如学历、收入、离婚等，在自己都不确定前，不要告知父母，你自己对自己的选择负责。
- 你想按照自己的想法生活，很多中国父母会给你扣上一顶“不孝顺”的大帽子，还有“断绝关系”的恐吓。只要你最后能证明“我能”，那顶大帽子也就自动脱落了。
- 拥有一颗强大的心脏。大部分父母不可能与时俱进改变想法，准备好长期的非暴力不合作抵抗运动。

# / 父母不领世面很多年 /

去年大妈广场舞成热议，被诉音量过大扰民，有的城市甚至发生了报警、泼粪这样的极端事件。广场舞是五六十岁的大妈们为数不多的娱乐和心理发泄渠道、交友平台。这一群人大部分是50后，新中国成立后被剥夺最多灾难深重的一代人，我觉得广场舞是他们自娱自乐的好方式，管理者要制定明确的规则，让不同人群各得其所。

最近我跟美国老师上舞蹈心理治疗课，她提醒“文革”是中国人巨大的创伤，经历过的人心理都不会太健康。老师是位70多岁的美国犹太裔，心理专家，父母从俄国逃难到美国。在课堂上我们问：我们没有经历过那个（“文革”）年代，怎么也会受到影响？犹太裔美国老师答：在遭受重大创伤后，对整个民族的基因造成影响，整个民族都有不可磨灭的烙印，就像“二战”后的犹太人。

我非常同意“文革害三代”的说法。建议80后多了解“文革”历史，你就能明白50后父母为什么那么“变态”。苦逼的50后养出苦逼的80后，物质上无限给予，精神上无限压制，批量生产物欲膨胀内心软弱的80后；用棺材本让80后结了婚生了孩子，大包大揽养育成人后，加倍重复物质给予精神压制的老套路。80后当觉醒，担当起自己的责任。

80后跟50后父母的代际冲突，是新中国成立后两代人之间最激烈的，因为改革30年中国变得太快了，两代人的差距不只30年而是100年。一位三十出头的单身女带母亲来跟我咨询，母亲逼婚要把她逼疯了。母亲自诉：我1968年初中毕业，下乡插队……那时的初中也就相当于小学毕业，50后有大批就这程度，他们不理解你也很正常。

恋爱训练营讲座现在增加了最新福利：听讲座的年轻人可以把催婚、干涉他们恋爱的父母带来，他们免费。目的是让父母了解现在的行情，他们还抱着计划经济时代的老观念，活在过去，却要用家长的权威瞎指挥。愿意来听讲座的父母，还都是愿意学习的。我们也教年轻人如何跟父母沟通，避免冲突。

女儿大学时不让恋爱，晚上几点回家规定得很严，所有接触女儿的男生都刨根问底。一位妈妈嫌博士女儿笨不会恋爱，我问，你教过她吗？你鼓励过她吗？你想看到女儿为了应付你随便找个人结婚，然后生了孩子离婚吗？不想对吧，那么从今天起不要再给她压力了！

《如何管理父母》的讲座，我让三位50后妈妈跟年轻人面对面问答。我问一位母亲："你最希望女儿过上什么样的生活"？她说："她自己觉得幸福的生活。"我问："如果她说她觉得单身就是幸福的生活，你觉得怎么样？"她说："那不行。"我说："这么说来，她觉得是否幸福不重要，你觉得她是否幸福才最重要，是吗？"她说不出话来了。底下的年轻人一片叽叽喳喳。

来听讲座的男生问这三位丈母娘代表，对未来女婿有什么硬性的要求。一位母亲说学历至少硕士以上。因为她女儿是硕士。底下的年轻人一片反对声，问她为什么必须硕士，对她来说，硕士意味着什么。原来，这位50后母亲的观念还停留在过去，在她看来硕士比本科生优越，等于聪明、会读书、事业前途好、收入高、文化涵养高、基因好……结果年轻人告诉她，现在很多硕士博士都是因为找不到工作才继续读的，收入也不见得比本科生高，聪明、文化涵养高什么的就更谈不上啦，会读书不会工作的人很多。50后母亲的观念彻底被颠覆了。

还有位母亲说不要外地人，担心男方家接着有一大家子都要来。原来在她那代人的观念里，外地人=乡下人=穷人。以前她上班的时候，中国人流动率小，上海的外地人少，单位里也没有那么多外地人。而现在，很多公司单位都有一半的外地人，如果把外地人排除在外，她们的女儿就少了一半机会。还有，很多城市发展得不比上海差，那些来上海的外地人的家境也不比这些普通的上海工薪阶层阿姨家差，阿姨们的老观念跟不上新时代了。

80后有必要读读历史，了解父母出生成长的20世纪50年代至80年代的中国，你就会明白为什么你跟他们如此不同。看看50后父母反对些什么吧：凡是不在体制内的工作都是不正经的，第一求稳定，最好公务员；地域歧视，比如上海父母对外地人的偏见；不导致结婚的恋爱都是浪费；到年龄不结婚是耻辱，婚姻质量不重要——他们依然活在30年前，不知道今天的世道早已不同。

父母不领世面很多年，还体现在：

- **把一切非公体制的工作叫作“没有正式工作”，公务员最好；**
- **以为嫁人出国就能过上比国内好很多的生活；**

- **不知道有同性恋有同妻；**
- **不知道如今色情业是应酬客户的惯用手段，找个老实人很难；**
- **不知道出轨被称为“80后结婚的标配”；**
- **不知道如今没有什么是稳定的，离婚比结婚还快……（欢迎同学们补充）**

不肯结婚就是不负责?

不久前我在上海东方广播电台做客秦畅的《市民与社会》，由一封听众来信展开讨论。写信的是位母亲，声泪俱下坚定地批评儿女30岁了还不结婚，“这就是不肯付出，不愿担当，不负责”，社会应该谴责、批评。还有很多父母为儿女的婚事跑断了腿，常年蹲守人民公园相亲角，定期参加各种相亲大会，最后还落下儿女“不领情”的结果。

有个网友评论特棒：回顾中国人的婚姻过去60年的历史，走过的就是结婚自由（反抗包办婚姻）— 离婚自由（不需要单位组织批准）—到今天是不结婚的自由！

类似给电台写信的50后母亲，很可能就是当年组织不同意不许离婚的受害者。历史的进程不会因为这样的母亲的眼泪而停止。

昨天我在上海东方广播电台《和谐一家门》接听众电话，一位母亲唉声叹气地说30岁的儿子从未恋爱过，去相亲万分挑剔，她很着急。我说，他自己没兴趣没驱动力，你着急有什么用啊，你还是少管他，自己出去找乐子，去跳广场舞吧。

## / 如何管理自己的父母 /

如何管理父母？千言万语一句话：做强大的自己！只有你自己内心强大，才能抵抗住父母的各种干扰。在父母那里的话语权也要靠你一点点争取来。从心理上，必须比你的父母站得高、看得远。

80后常说要孝顺父母，你是怎么孝顺的？让父母拿出棺材本为自己买房买车+听父母的话。这就是孝顺？80后还常说找对象的条件之一就是要孝顺父母，怪不得很多男女说只要父母反对就放弃，百善孝为先嘛。这就是孝顺？

80后跟50后父母沟通原则：报喜不报忧，专拣好事跟他们说（升职加薪），工作恋爱上的烦恼自己消化，不要跟他们讨论奢望他们能帮你。对他们的碎碎念无论风吹雨打，我自岿然不动。你也没什么好孝顺他们的，就让他们唠叨吧，这样他们才觉得自己有用。

@空空不是小胖妞：看了您的书之后就去学了跳舞，跳舞让我自信快乐，但是父母说不要去跳舞，觉得跳舞的都不是正经人，怕我被带坏了，说我单纯容易被骗！我求他们可以去舞蹈房看，他们拒绝。

答：今晚带他们来恋爱训练营听讲座，看看我和BOB是不是坏人！也许他们会拒绝来，管理这样的父母，要准备持久战。

@尽情绽放25：父母管束太严，不让吃红烧的怕皮肤变黑，十点前必须睡觉，买什么都要让他们知道。我一反抗，他们就说我不懂事或者不坦荡，因为他们觉得自己总是对的，比我有人生经验。我该怎么办？我已经23岁了，虽然也需要长辈指点，但不能没有任何独立的意志和喜恶吧，那走过的二三十年，说改变就能改变？原生家庭的烙印很容易抹去？

答：我没说容易，但你可以改变！过分强调原生家庭等于否定自我成长。以前是父母之过，如今你20多岁了还自甘堕落就是你之过！

1992年我23岁去美国留学，那时留学俗称“洋插队”，父母能给你买张机票+200美金已经很对得起你了。我的生活费学费全靠在中餐馆打工。美国人不吃味精，我也习惯不吃了。写信跟父母随口说到此事，没想到他们给我寄了5千克味精！我一边落泪一边决定：从此只报喜不报忧。

很多80后从小被父母过度保护，饭来张口衣来伸手，都20多岁上班的人了，连锅白米饭都不会煮，内衣裤都要父母洗！这个德行，怎么让父母相信你已经是个成年人，有自己思考和行动的能力呢？所以，想要从父母那里获得话语权，你首先要自立、自律、为自己负责，以实际行动证明，我能！

我的家庭教育非常有趣，父亲的家人界限分明，从不管别家闲事；母亲的家人，别家事比自家事还管得起劲。父亲教育我的一句话受用至今，送给80后：这世界上真正值得你尊敬的人，不会超过两只手，大多数人说你好都没资格，更不要提说你不好了。所以，被人说不好，不要沮丧；被人说好，不要得意！

不要说50后父母，我老妈70多了，自打我三年多前当了个体户独立心理咨询师，每次见我必忧愁地说：唉，你没单位了，怎么办啊！还是回原来的单位去上班吧。她1964年复旦大学毕业后在一国家单位工作30年直到退休，你让她怎么理解没有单位是多么快乐的事！

有位女网友很有趣，老是来看我微博，老是很讨厌我的样子。她说：你总以你的六亲不认来教育其他人也不认，你谈恋爱可以六亲不认，那你的婚礼这些六亲也都不会来祝福，所有亲戚都会聚集在一起诅咒你，一听说你婚姻有问题，就哈哈大笑，俩字：活该。

中国式教育的悲哀。让很多中国人理解“界限”很难，他们认为“界限”就是不亲的意思。当年我读柏杨《丑陋的中国人》如遇知音，他批判中国大家庭的“酱缸文化”就是如此，推荐80后看此书，审视自己的家族和父母。

### 不要被高血压绑架

问：我不听父母的话，他们总是说“我要被你气出高血压了”，怎么办?

答：高血压是老年人的常见病、慢性病，你去问医生，了解高血压，问问有多少被儿女气得挂了的。下次父母再祭起“高血压”这个法宝，带他们去看病，你默默坚持做自己。我家族遗传高血压，但女人们都很长寿，活到八九十。我去年也得上了高血压，每天一片药，死不了。

@一只2猫：曾经舅妈跟我谈此事，我反问她“表弟大学快毕业了还没交过女朋友哦”，她说“我们不急，等三十多的时候直接找个优质剩女”。我：我正在努力当个优质剩女，回头就找表弟这样的。舅妈无语。

答：对于这么爱管闲事的亲戚，最好的办法是幽默。怎么才能幽默？那你需要气定神闲，内心强大。还有个办法，找那些亲戚的儿女，表兄弟姐妹们一起建立防守同盟，各自管好自己的父母。

@_歪歪0：我们可怜的父母一代。曾经简单粗暴地反击过，彼此受伤，遂明白接受了代沟。幻想破灭没了期待，但为了我心中的亲密感，还是会见缝插针地宣传我们这代人的价值观。现在二老越来越能接受我的奇言怪语了。父亲节邀请父母来上海玩，电话里害羞又兴奋地欲拒还迎，像孩子那么可爱。

网友：姨妈当年拼命反对表哥的女朋友，以死相逼拆散了他们，表哥按她的意思换了女朋友，准备结婚时姨妈又说她不好，还是前面那个好，把她找回来。姨妈因各种纠结得了肝癌去世。

答：有句俗语“天作孽还可活，自作孽不可活”。

@Shaytoo：当初我回的是我爸妈都不来管我这事你闲操啥心，实在无聊管您自己女儿去，气得我姑姑走了，我妈说我没礼貌。

答：嘿嘿，没礼貌又怎么样，目的达到了，姑姑不再来了吧。想要成为大人，掌握自己的命运，要受得了父母亲戚说你——没礼貌、不尊重长辈、不孝顺、没良心等！

问：我父母说，如果……就跟我断绝关系，怎么办？父母说，滚出去，怎么办？答：血缘关系无法断绝，只可以断绝经济关系，你不啃老就没关系。通常是句气话，你以为不见面，谁更惦记对方？我敢保证是父母更想你。滚出去？太好了，总算可以自立门户了。

问：如何理解“婚姻不是两个人的事情，是两个家庭的事情”。

答：婚姻首先只是两个人的事情，然后才是两个家庭的事情。如果你们自己感情不扎实关系不好，扯什么两个家庭呢？男女两人，都要有效地保护对方不受自己家人的负面干扰，当好隔离带防火墙。

问：父母说不许养宠物，不许过了晚9点回家，不许……

答：虚心接受，坚决不改。管理父母是长期工作，要想撼动他们固有的观念非常困难，做好心理准备，把“非暴力不合作抵抗运动”进行到底。

问：我爸很变态，偷看我手机、上网记录，取得我男友的电话自己去找他问话，还教训我QQ中跟男友的讲话不妥。怎么办？

答：你如果不幸碰上这样的父亲，一定要全部加密严防死守。他太闲了能量无处发泄，只好烦你，帮助他找事做找乐子去。老有所乐的中国人不多。

有位作家说，经历过“文革”的50后都是神经官能症患者（抑郁症、焦虑症、强迫症），对生活丧失信心，对美好失去知觉，对他人失去信任。有位50后母亲在微博上怒斥我“教唆犯，要把年轻人引向何处去”！“文革”体啊，年轻时一定是写大字报的好手。

了解了50后父母的偏执和疯狂后，怎么办？如果经过心理医生诊断，你父母确实患有心理疾病，你还会跟他们较真吗？你怎么跟心理病人沟通？那就是要把他们当病人看，把自己当照顾病人的大人看，对他们的各种“疯话”学会左耳朵进右耳朵出，一哄二骗不争辩。

# / 你的婚姻会比父母幸福吗 /

如今两性关系越发开放自由，婚姻越来越不是必需品，我们会更幸福吗？做了10年的两性关系心理咨询师，我的观点是：不见得。幸福是一种纯主观的感受，当得到的大于期望就感觉幸福，反之就不幸福。一个人越是自我、自由，对两性关系的期望就越高，越不容易满足，幸福感就越低。

我在微博上发起了“你认为你的婚姻会比你父母那代人幸福很多吗”，得到了130多人的回复，大部分人认为自己的婚姻会比父母那代人幸福。

@jessiea咿：会的！那个年代，如果结婚对象是个好男人是幸运，如果不是，那是委曲求全一辈子的苦逼婚姻，还带给小孩阴影啊。现在的人独立了，社会提供的选择也多样化了，可以活得更精彩快乐。

@王小坏随遇而安：会的，因为逐渐了解自我，了解爱、婚姻和性了，对婚姻有了更正确的认识，不再是搭帮结伙过日子了，也不是拴死在一起了。

@J0gging：不见得。幸福感是主观的不是客观的。每一代都有一代的问题和期望，能够解决问题达到期望就觉得幸福呗，达不到自然感到不幸福。纵向没啥可比性，横向的话还差不多。

@MsLolali：不认为，现在的人普遍没有责任心，自我，都想别人听自己的。而且情商也低，加上独生子女父母干预，有些问题不是想着去解决、去维持，动不动就考虑离婚。且现代人压力这么大，唉。单身，正考虑要不要结婚，觉得结婚是麻烦。

BOB 的舞蹈学校是恋爱训练营的基地，地处上海中福大酒店，一楼经常有婚宴，最近婚礼特别多。我们隔壁还有个婚介所，就差一个专门办离婚的律师事务所了。80后闪婚闪离多，很多夫妻从相识到离婚全套环节，一年或者半年就完成了。

我有职业病，去婚礼看到新人煽情，就嘀咕“还不知道能结多久呢”（很不好，我检讨）。有次喝喜酒，新郎是三婚，还按照程式拉着新娘对父母鞠躬说：爸爸妈妈请你们放心吧，从今天起我们……我跟同桌小声嘀咕：切，他爹妈的心可放不下来。

5月婚礼多，很多人说红包给得工资都没了。我说：跟新人讲二婚红包就不给了啊，你们俩坚持住。上海80后离婚率已经过40%了，去婚礼都不祝“白头偕老”了，只能说“新婚快乐”。我最近参加一好哥们儿的婚礼，递上红包时悄悄在新郎耳边说：祝你初婚快乐！

五一参加男性朋友婚礼，惊奇地发现新娘跟婆婆超级像！长相、身材、气质、跟老公的关系，都像！我一度错以为婆婆是新娘的妈妈，敢情他真的是按着自己老妈的样子选的老婆。看着新娘跟新郎的父母站在台上煽情，我感叹两代人奇妙的复制啊。

我们是种子，父母是土壤，不可避免地受到他们婚姻模式的影响，有的甚至是损害。如果你的父母关系很不好，你不想重复他们的模式，就需要从自己身上开始学习新的夫妻相处模式，良性互动。有的人是通过一次两次离婚学会新方法的，有的人看书、找心理咨询师、上心理课，更多的人还在怨“遇人不淑”。

1987年的男生女生，恋爱六个月登记，9月办酒，现在就开始造人。男生刚辞职，下个工作还没眉目。问他为什么那么急，不需要先过一段两人世界磨合吗？他说，反正早晚要生孩子，现在没事做早点生，父母都在催呢。——好吧，祝你初婚快乐！最邪恶的预测是两个月后怀孕了，闹翻了，婚礼不办了。

最近职业规划师古典（著有畅销书《拆掉思维里的墙》），写了篇长微博《我们为什么要结婚》。问出这个问题，是时代的进步。30年前中国没人会问这个问题，正常人都必须结婚。这个问题是问自己的，没有标准答案。

今天的婚姻内涵早已脱离了50后那代人的“凑合过日子”，人人都追求自己的经济独立和自由空间，婚姻的诉求不再是低层次的穿衣吃饭，而是文化理念、心理支持和性爱的连接。而越是高质量高层次的追求，做起来越难。常常听到婚姻亮红灯的人说：我只想简简单单好好过日子，可是他/她就是放着好日子不过，瞎折腾……什么叫好好过日子？就是买房买车，家庭旅游，安排饮食起居，照看孩子？你跟他/她还有话说吗？你了解他/她在想什么吗？你知道他/她的痛苦和悲伤吗？你们还有性生活吗？彼此满意吗？你什么都不知道，你只知道好好过日子！你们早就连朋友都不是了。

## / 我家孩子很优秀 /

我每隔一周在上海东方广播电台《和谐一家门》接热线电话，这是中午12点至1点的电话直播节目，听众大多是退休在家的老年人，以50后60多岁的最多。一老爸说31岁儿子很优秀，学历高工作好，党员，因为身高1.65米没有女朋友。他替儿子去人民公园相亲角也无果。

我问：他自己不会去交往女生吗？老爸说儿子很害羞不会，还说机关里的女生都是娇生惯养不会做家务，只可做朋友不可做老婆。我说：他的问题不是个矮，是心态不好。

明明是儿子自卑情商低，却倒打一耙否定所有的女生，这样他就没问题了。我一对亲戚夫妇，男一米六三女一米六八（女很胖），互不嫌弃，生活和美。他们是自己认识的，从做朋友开始。我对打电话的老爸说：你儿子的根本问题不是身高，是心态太差，需要来恋爱训练营学习。他说儿子不肯来。那他就把自己各条路都堵死了。

我在恋爱训练营教80后，在《和谐一家门》给50后洗脑。打电话进来的母亲，如果一开口说“我女儿很优秀”，我就会接一句“哦，嫁不出去是吧”，时间长了，再也没人张口说“我女儿很优秀了”。

一位50多岁的母亲，说25岁女儿跟她一样内向，从小到大就那么三个要好女友，不会恋爱。我问：你跟你女儿一样，那你为什么可以找到老公？答：我们那时不讲感觉的，人老实就好。时代不同了，你跟你妈一样，不行了。

一个母亲发现25岁儿子的QQ上有跟性工作者谈价钱的记录，她哭着说：我家小孩是很老实的，不敢跟人说话的……我问：你是不是觉得不管儿子多大，他都是小孩子？他的私生活不归你管。有一些光顾性工作者的男人就是不敢跟女人说话的，不敢追求女人，只好用钱解决。

跟50多岁的母亲讲她儿子因为无能，所以需要性工作者用钱解决问题，真的是很悲哀的事情。她们这一代人也难以理解，她们对男人没太多了解。这位母亲很早就离婚了，母亲说起儿子总是“我儿很优秀”，不优秀也会说“我儿很老实”。唉，一声叹息……

## / 恋爱到什么时候可以见父母？ /

在微博评论中看到两个女生对话，甲对乙说：都见过家长了，就差舌吻了。

我插嘴问：咦，还没舌吻，就见家长？

恋爱关系到什么时候适合见父母？你也来说说。不是以时间计算，而是以关系的深度，如：接吻、有性关系、一起旅行过、有结婚意向等。

恋爱训练营给出的从相识到结婚的11个步骤：

- **相识**
- **约会**
- **确定恋爱关系**
- **发生性关系（可能发生在1~11的任何时间，因人而异）**
- **继续交往深入了解**
- **一起旅行**
- **有结婚的意向**

- **见双方父母**
- **尝试周末同居了解生活习惯**
- **登记（买房装修订婚宴）**
- **婚礼（一起居住共同生活）**

记住，恋爱到任何步骤都可能分手，然后需要再换人重新走一遍。我跟恋爱训练营共同创办人BOB非常擅长扮演50后父母，在《如何管理父母》的讲座上，情景模拟带恋人见父母，我和BOB各种挑剔，小情侣被我们几句话就瓦解了，一试一个准。父母对你对象的挑剔，都源自于一个担心——怕你们以后过得不好。他们提到的那些问题，比如城乡差别、他赚钱不多都可能是问题，父母生怕你不幸福，只要你们自己有能力过得好，这些也都不是问题了。关键不是跟父母斗嘴，而是用实际行动证明，我们能。

明知父母反对，为什么还要告诉他们：男朋友比我小1岁（父母会查他身份证吗？），女朋友父母离异，他的学历没有我高（父母会查他毕业证书吗？）……这些问题全都你自己掌握，你不介意，不关父母的事情，不要什么都告诉父母，自找苦吃。

你父母说的你对象的那些“谗言”为什么能让你心慌意乱：他怎么不给你买礼物？你们异地恋以后怎么办？不跟我们住一起结婚后谁帮你们带孩子？他家农村你跟他妈合得来吗？

因为你自己对这些问题都很疑惑，你们的关系不牢固，所以被父母一说就乱。

在50后父母的观念里，见家长就是要结婚的意思。不到谈婚论嫁的地步，不要随便把对象带回家见父母。你们自己都不确定的感情，不要去惊吓父母惹他们烦心。决定结婚了，一定要去见对方父母，看两点：1.他/她的父母关系如何，谁说了算，家庭氛围如何；2.他/她跟父母关系如何，是以什么方式教养长大的。

见了对方父母，发现你不能接受的问题，如男/女朋友是奶嘴男/女，父母什么都要掌控，从装修到以后如何养孩子。暂缓结婚，给男/女朋友时间让他/她成长变成真正的男/女人。如果他/她不肯改变，那就把他/她留给他/她父母吧。有些奶嘴男/女确实因为恋爱，突然成长了，独立了。恋爱是自我成长最好的契机。

## / 放下“让我妈高兴”的执念 /

一个三十出头的单身女带妈妈来跟我咨询，被催婚催得快疯了，经常跟妈妈言语冲突，妈妈有近似歇斯底里的行为。此女学了点心理学，试图改变她妈，出钱带父母旅游让他们高兴，全部白搭。我建议她放下“让我妈高兴”的执念，因为只要你不结婚，她不会高兴的。

不要试图改变偏执的父母。不开心是他们咎由自取，不是你害的，你无须内疚，更不要为了让她开心自己去做傻事勉强结婚。她自己说的，她不开心60多年了，她跟父母不开心、跟兄弟姐妹不开心、跟老公不开心，现在你是她不开心的目标。你妈抱怨了一辈子，你能怎么样呢？你妈是怨妇你救不了了，你自己不要当新一茬的小怨妇！你要做的，是让自己开心。

@晚睡姐姐：就算她结了婚，她妈还会有别的“不高兴”发生，对她还会有别的要求。父母的控制欲常常需要找一个载体来实现，你满足了一个，还会有另一个，永无止境。因为控制是一种饥渴的不安全的情绪，怎么吃都不够多不够饱。

追溯根源，原来她妈的妈也是这样的！中国家庭的“酱缸文化”，没有自我只有集体，大家混在一起不开心，但是坚决不能分开，死磕到底。人人都自认是受害者，人人抱怨，80后必须努力斩断这样的恶性循环。

@柰-柰：是的，我没办法让我妈开心。仔细想想，我妈几乎抱怨了一辈子，以前是抱怨她的父母、丈夫，现在抱怨的对象转为我，我心理上有些受不了而已，小事我可以迎合她，但婚姻这种事我没办法勉强自己。

@到哪儿了我：怨妇横飞是一笔传统文化欠账，也是一种现实社会两性关系机制的投射，更是一种在存在意义上的缺乏自省的自我折磨。只要还纠缠在技术层面，怨妇就永远不可能消失，心理的最终动机还是形而上层面的。

绝大部分50后父母都不认可心理医生，如果他们有明显的躯体症状（严重失眠、心脏出问题等）带他们去医院的神经内科，医生经过检查如有需要会转诊心理科（从神经内科分离出来的）。你的话他们听不进，医生的话他们听。心理问题会造成躯体症状，患者在不自知的情况下会以为身体器官出了问题。“你再不结婚，我要气病了，我血压高了”是句谎言，年轻人学习点心理学，辨识父母到底是哪里病了。

@邪恶的猫妖怪：分享个我爹当年“犯病”的经历。咳嗽发炎大半年，大年初一突然住院，心脏不行，医院里查了一圈各种设备，没有任何器质性病变，当时他天天跟病房里写遗嘱。后来有个熟悉的医生介绍他去看心理门诊，重度焦虑症，吃了抗焦虑药，躯体症状很快就没了。

## / 想要媳妇管好娘 /

婆媳关系，高居夫妻矛盾的前几位。80后婆媳关系更容易出问题，因为妈宝男太多，不懂怎么当好老妈和老婆之间的防火带。这些幼稚的丈夫通常的想法是：

- **有问题就说出来，老妈和老婆当面对质，分清谁对谁错。**
- **你们两个女人的问题自己解决，我不管。**
- **让妈生气了，不听妈的话，就是“不要妈了”“不孝顺”。**
- **观念上依然是把老婆娶进我家的门（我家=父母+我），而不是独立出来跟老婆建设一个新家庭。**
- **父母拥有小夫妻家的钥匙，不用事先打招呼随意进出，随意做决定，比如开除阿姨。**
- **跟老婆有矛盾，自己不先解决，就把问题推给双方父母。**

这些丈夫不明白，一对婆媳并不是非要有一个“坏人”“错人”

才会有矛盾，矛盾很多来自于观念不同，甚至初衷是好意，比如婆婆不请自来给你家打扫、做饭，是出于好意关爱；但是现在年轻人的观念不同，儿媳就会不高兴，觉得她越界了；然后婆婆就会觉得儿媳不知好歹。丈夫要做的是，立好规矩，帮助老妈和老婆认清彼此的界限，互相尊重不越界。

咨询中常有婆婆对媳妇不满，勒令儿子离婚的，放出的话是：“有我没她，你看着办吧。”儿子就陷入了要老婆还是要老妈的纠结中，他们依然信奉“老婆还可以再找，老妈可就这一个”。中国家庭的传统观念，有血缘的父母子女关系超越夫妻关系，老妈第一老婆第二。很多中国女人在老公那里得不到的，就想在儿子那里补偿，“10年媳妇熬成婆”就是这个意思。寡母或者母亲离婚不再结婚，把儿子一手拉扯大，那就更不得了了，母亲都自诩为儿子做出了巨大牺牲，更要把儿子牢牢控制住，以补偿自己的缺憾，最经典的是《孔雀东南飞》，悲剧啊。

我跟很多心理咨询师同行共同的感触是：中国男人回避恋爱和婚姻上的所有问题，包括性。最擅长说的话就是——“我没问题”“都是你的问题”，拒绝跟女人一起去见心理咨询师。我做了10年两性关系心理咨询师，见过的一起来咨询的老公不超过100个，肯来的老公我都要送小红花了。而婆媳矛盾，也很少有丈夫能意识到，这两个女人只是因为他才连接在一起，很难像跟自己母亲和女儿那样亲密，他是调和婆媳关系的第一责任人。

老话说“有了媳妇忘了娘”，充满了当婆婆的“怨妇”心态。现代婚姻其实是：想要媳妇必须管好自己的娘！不再像旧时代，把媳妇娶进一个大家庭，而是各自离开父母的家，两人独立组建一个新家庭，必须明确谁是这个新家庭的主人，是你们两个，双方父母都是客人。而自己当家作主的前提是：你们两个经济独立，生活起居不用父母照顾，思想成熟，有能力管理好父母，对父母干涉你们生活的做法能坚决抵制。

## 情绪管理，正确表达自己的感受，允许差异，同理心

一切可以对外讲的自己的爱情故事都是——删节版、选择性遗忘版、自我粉饰表扬版。

## / 结了婚就好了 /

女网友：近一年不断相亲，至今没有找到，彷徨是否要坚持自己所想，或违背心愿找适合做老公的。我妈说，要求不要太高，没感觉结了婚就好了，感情可以慢慢培养。

“结了婚就好了，感情可以婚后培养”，找人好疼老婆待你好的做老公。两人不来电，一人如何长期付出？找一个爱我多过我爱他的人，非常自私的想法，却是损人不利己。我咨询过的有女人婚后等不了培养出感情，就各种出轨劈腿了。说也奇怪，婚前死活找不到爱的女人，怎么婚外恋那么容易呢？？你那本事咋不留到婚前整呢？

找我咨询哭哭啼啼“好老公”出轨的女人还真不少：老娘我以前委曲求全下嫁他，他还不知足，居然还敢出轨？！——怎么不敢，翻身农奴得解放嘛。

妈，我觉得他床上不行……没关系，结了婚就好了。妈，我跟他脾气不合……没关系，结了婚就好了。妈，我觉得他吊儿郎当不上进……没关系，结了婚就好了。妈，我跟他过不下去了，想离婚……

都有孩子了，忍忍就过去了。你妈我就是这么过来的。

不想重复你妈的悲剧，你要勇敢说“不”！

@晚睡姐姐：那些逼婚的妈妈，有些属于自己的生活标准就低，不能理解孩子对高质量婚姻和情感的要求，剩下的很多都是想把孩子当烫手山芋一样甩出去，“你只要结婚了，就不归我操心了”，她们宁愿捂上眼睛当瞎子，也假装看不见孩子的痛苦。因为她们都觉得家有大龄未婚儿女，是种耻辱。

中国人的情感模式就是找妈，男女都是。女儿找妈找来了一个温文尔雅，对她照顾得无微不至、细心周到的男人，婚前已经发现男人性欲很低，贪恋他对自己的好，以为结婚后就会好了，可是“好”男人可能是性无能。

她曾经这样劝自己：他其他方面都很好，就是这点不行，算了，忍了吧，跟他离婚了以后我也许找不到对我这么好的男人了。你才20多岁，不能就这样守活寡啊。他不行，允许你找情人吗？答：没门。如果你们之间没有性关系，那何必结婚呢，结拜兄妹得了！

最近接连咨询了几个这样的案例：恋爱半年多以上，见过父母，准备买婚房订酒席，可是两人还没发生过性关系，连对方的裸体都没见过。处女，害怕性，认为男人不主动女人不可以轻浮。最后男人临阵脱逃，不肯登记，说我们不适合。

真相1：女人是男人依据社会世俗眼光选择的“适合做老婆”的人，对她的身体毫无兴趣。

真相2：男人有同性恋倾向，虽然还没有跟男人发生过性关系，但是爱慕男人，想强迫自己按照社会要求娶妻生子，安慰父母，可是下半身不听使唤，面对女人不能勃起。

很多人恋爱时就矛盾多多，以为结婚了就好了；结婚了依旧千疮百孔，奢望有个孩子就好了。殊不知，孩子的到来是个重大工程，他/她会让感情好的夫妻齐心协力；也会让感情劣质的夫妻彻底分道扬镳。不要指望一个幼小的孩子来拯救你们的婚姻！害自己，更害那可怜的孩子。

夫妻关系千疮百孔，孩子的到来将是压弯你们婚姻的最后一根稻草！怀孕生产后近一年没有性生活，产妇的神经质，新手父母焦虑抓狂辛苦劳累，两家父母的参与矛盾，妻子孩子丈母娘三位一体让丈夫感到受冷落……刚做了几天爸爸的BOB深有感触，夫妻关系不好不要指望孩子来救。

性心理咨询师马丽：我的咨询中很多夫妻从妻子怀孕期开始进入无性婚姻，从妻子孕期哺乳期开始男人出轨。很多家庭中孩子只能维系一个婚姻的空壳，却给不了夫妻之间的亲密感情，更给不了什么安全感。

## / 婚前能谈钱吗？谈钱伤感情？ /

婚前能谈钱吗？谈钱伤感情？婚姻的失败通常都在这几件事上：性、钱、生活习惯。

婚前一定要把钱谈清楚，做好财务规划；但是，谈钱要在有感情的基础上，有感情，才能有商量。相亲认识开始交往，手都没拉过，还没有确定恋爱关系呢，就谈钱，越谈越糟糕。最有喜感的是第一次相亲，坐在星巴克就谈钱，两个陌生人，像房屋中介一样谈房产证写谁的名字，纯属瞎掰。

一女婚前没跟男方把钱谈清楚，半年就离婚了，她决定吸取教训。相亲认识一男，跟她一样因为钱的问题一年就离了，也决定吸取教训。于是，他们一开始交往就谈钱，房子怎么买，你付多少，生了孩子谁带……越谈越不是味，三个月分手。他们来问我：怎么又不对了呢？

我在上海东方广播电台《和谐一家门》接热线电话，一老父说为儿子买婚房，他出了三分之二的钱，余下的小夫妻还房贷，女方要写上她的名字。老父很纠结，担心万一离婚了儿媳拿走房子一半，然后抨击法律不公，很激动。我问，如果你生的是女儿呢?

还没结婚呢，老父就担心儿子会离婚。我建议他跟儿子说清楚：我能给你的，就这么点钱，我能力有限还要留些钱养老。你以后万一离婚，房子老婆拿去一半，以后你再要结婚，我就没有更多的钱给你买房了。你自己想清楚就好。

## / 天要下雨男人要出轨 /

你是一个追求自我、自由的人吗？你认为婚姻中第一要素是爱情吗？你选择他/她结婚，因为他/她跟你是一样的人吗？如果回答都是肯定的，准备好婚后若干年他/她或你出轨的可能（可能，不是一定）。看不懂其中的逻辑？人的特性是一个硬币的两面，今日你爱他/她的理由，可能是明日他/她让你伤心的原因。

有朝一日他/她认为婚姻中爱情消亡，要离去时，请你不必拿“道德”“责任”来理论，更不必拿婚礼上的誓言来指责。因为你当初选的就是不愿被束缚只为自己活的“浑蛋”，那时你们确实是爱人同志，但不要以为你们永远是连体婴。请记住，你和他/她永远是两个人，你无法完全掌控他/她的内心。

听到一句话：出轨是80后婚姻的标配，男女都很猛。所以，80后们准备好标配的来临吧。什么样的男人不会出轨？

- **你们床上床下都好，他不需要出轨；**
- **他怕，权衡利弊后觉得不合算；**

- **他有别的寄托，如事业、爱好、信仰；**
- **他下半身不行；**
- **他抑郁了，啥都没兴趣；**

男人出轨，被妻子抓住了，会怎么样？就看妻子对出轨这事是怎么看的：

- **很依赖婚姻，管不住男人，随他去，不离婚就好；**
- **这是男人本性，正常，放聪明点下次别让我发现；**
- **眼里揉不得沙子，离；**
- **结婚本来就有违人性，他出轨，我也可以，彼此心照不宣就好。**

你选哪项？

有人居然问：应该选哪项？你是被从小的应试教育搞傻了吧，只会找标准答案。两性关系的种种问题，哪里有标准答案？哪怕你现在想象的选择到时候都不见得会那样做。人性是复杂的。还有人问我会怎么选。我会怎么选，跟你有什么关系？我选1你也选1吗？

问：什么样的男人会出轨？什么样的男人不会出轨？答：所有的男人都会出轨，做不做，是他权衡利弊的结果。所有实施了的男女，潜意识里其实都做好了被发现有可能离婚的准备。想预测自己的男人会不会出轨，请自查——你对他来说，有多珍贵，有不可替代性吗？他害怕跟你离婚吗？

如果一个男人跟你交往不久，就说“你适合结婚”，请不要心花怒放以为他爱死你了。潜台词很可能是——你管不住他，你各方面条件都不如他，婚后他可以放心大胆出轨。女生A爱上一个男人，他有一个“适合结婚”的未婚妻，虽然他迷A，但不想跟她结婚，她不会允许彩旗飘飘，那样就没自由了。

很多女人焦虑地问我：怎么办，怎么办？她们像防贼一样防老公出轨。出轨，不是人间灾难，不用那么恐惧草木皆兵。与其防老公，不如完善自身，让他防着点你吧！找一个离了他，你也照样可以活得好的老公。心里有底气，怕什么！离婚有孩经济独立的女人，最不需要再婚，好好享受恋爱。

评论里有人说看了一天出轨的微博毁三观，对婚姻没有信心了。说明你原来对婚姻的认识有问题，只知道“执子之手与子偕老”，事实上一夫一妻制在过去的100年里在各个国家的表现都不太好，看过一个欧美社会学家的调查样本，60%已婚男人出轨，30%已婚女人出轨。有婚姻，就有婚外恋和性。

问：女人自己很独立，用心经营婚姻，就能阻止丈夫出轨吗？答：我的回答恐怕要让你失望了。10年来我咨询的出轨案中，70%以上出轨的丈夫是对妻子满意的，但是他们想要更多。永远不要忘记丈夫是独立的个体，你会影响他，但是不能主宰他。你能做的是，如果他出轨，你会怎么样？

40岁夫妻，十几年婚姻，丈夫出轨，妻子来咨询。我让妻子描绘她心中的美好生活画面，她说：一个别墅，有大花园种花草，相夫教子照顾老人，养宠物。我问，你丈夫的画面呢，跟你一样吗？她说不知道，从来也没问过，想当然地认为是一样的。

后来她得出丈夫的理想生活画面：一个人开着路虎在路上，探索未知，征服世界。我说：是啊，出轨，征服年轻的女人就是探索未知的一部分。40岁，她已经处在安逸舒适退休般的生活状态中；而他，依然是个血气方刚的少年郎。她说，我现在才发现，我不了解他。枕边人，最熟悉的陌生人。

我做过的出轨心理咨询，这样的夫妻很多并不会离婚，丈夫有深刻的中国传统思维，老婆就是要安稳在家待着的，跟老娘差不多，他们常说跟妻子只有亲情了；爱情，是给别的年轻女人的。他们还会跟妻子说：以前的男人都是好几个老婆一桌麻将，你为什么做不到呢？而很多妻子极度依赖婚姻，也就忍了。大部分不想离的妻子是因为经济问题，跟老公距离很大，比如全职太太；可是也有收入学历跟老公一样，事业有成，面容气质都很好的妻子也怕离婚，精神上极度依赖婚姻，经济上是大女人，观念上还是小脚女人，所以拧巴痛苦。

问：我男友两个QQ上都有暧昧的女人，我们为此闹了很多次，而他觉得没什么，只是找刺激，又没有真正出轨，我现在每天都过得很紧张，怎么办？答：真正出轨是早晚的事。不要相信男人精神出轨，目的都是肉体出轨，还没发生只是火候未到。同时说明你们的关系不稳感情薄弱，不要贸然结婚。

还有男人是这么说的：我只是肉体出轨，精神不会出轨，所以没有大危害。答：你是机器人，控制得这么好？谁能完美控制自己肉体出轨的时候能绝对精神不出轨，对他/她没有爱意呢？对这个不会，对那个肯定也不会吗？

一女人跟前夫离婚，嫌弃他不上进，没有自己能力强；第二个丈夫很优秀顾家爱孩子，跟她性生活愉悦，她形容为十全十美，没想到那个人网上一直约炮（只约炮非情人）。她很痛苦。我问她：真的有十全十美的男人吗？男人有各种罪让你受，不上进与约炮，哪样你更能接受？

两个选项不够？好，再给你一些选项，男人让你受的罪多了：木讷不解风情不懂浪漫；工作狂顾不上家；大男子主义爱控制；脾气火暴；性欲弱；卫生习惯差；自我自恋；跟他妈感情好过跟你；重哥们儿义气老混一起；个子矮不好看；赚钱能力差；不爱做家务……一个都不能忍，你一个人过吧。

一个男人多次出轨被妻子发现婚姻亮红灯，我问他：结婚对你来说意味着什么？有没有想过，这意味着从此以后不能跟别的女人发生性关系了？从此只跟一人干，这对男人的生物性来说，是很大的挑战。很多男人潜意识里是允许自己婚后出轨的，不要让老婆发现就好。可惜老婆这方面都很神勇。

很多来找我咨询的妻子，第一句话都是：（哭泣）我知道现在外面很乱，很多男人出轨找小三找小姐，但是从来没想过我老公也会有，他很顾家、很老实……（你老公不是男人？）我想起祥林嫂的台词：我只知道冬天的时候，狼会来村子里找吃的，从来没想过春天也会有。

若要人不知，除非己莫为。男人出轨想让老婆不察觉，不容易啊。我做咨询的时候听到的侦查游戏，大同小异，实在没啥创意。男人的记性大都不太好，电脑手机越发达，留下的痕迹越多：删除了收件箱忘了删已发送，忘了密码给过老婆，忘了开房记录，没想到老婆会找私家侦探，拉你的手机通信记录。

看评论，单身女人都说坚决离，已婚的不置可否。在我做过的个案中，坚决离的并不多。但是，不离不等于原谅了。有个出轨男人请求老婆原谅，痛改前非，老婆同意不离。我问他：你知道接下来意味着什么吗？他说：“知道，当至少三年罪人和奴隶。”女人爱翻旧账，后来有些男人受不了还是离了。

作为心理咨询师，我理解那些男人为什么要那么做，人的欲望无底线；如果妻子因为各种原因接受，我也很理解并支持，不会跟她说你应该自立自强之类的屁话，只是让她看清楚她真的可以接受吗？心理咨询师，不是把自己的价值观强加在咨客身上。

@未见桃花源：问吴老师一个问题。你对那些努力工作养家，对老婆体贴，对孩子尽心尽责，对双方父母孝顺，但有小三或嫖娼的男人持什么态度？

答：你是问我作为老婆啥态度，还是作为心理咨询师啥态度？很不一样啊。身为天蝎座女人，独占欲、嫉妒心都很强，又不需要男人养，卧榻之旁岂容他人安睡。

一切可以对外讲的自己的爱情故事都是——删节版、选择性遗忘版、自我粉饰表扬版。所以，无论明星还是闺密，当他们眼泪汪汪哭诉自己是受害者的时候，听听就好。

有的男人，当面对不同的女人时，会呈现奇妙的“有责任”“没责任”完全不同的反应，名人里比如李连杰、郑少秋、布拉德·皮特，他们让女人明白：原来天下无100%的好男人、坏男人，男女关系，就是一物降一物啊！

某女的评论很有趣：吴老师讲的男女关系前提都是遇上没有责任感的男人，有责任感的好男人就不会……当然没有责任感的是大概率。答：不由得想起某男情感“砖家”教育女生：遇到好男人，女人就不用成熟了。敢情普天之下就他一好男人！在我眼里从来没有好人坏人，只有三维立体复杂的活人。

不由得再次想起清华大学政治学副教授刘瑜的金句：自我是一个深渊，爱情无法填补。太多的男女，希望用婚姻满足人生的所有追求，失望后，又企图用出轨满足未实现的人生追求，陷在男女情欲里不能自拔。在如今中国举国上下焦虑不安又无力的大环境里，出轨便成了普通人的解药。

怎么办？你会经历若干恋爱、若干失恋、若干离婚、若干出轨，有悟性的人到了某个阶段会醒悟：原来人生追求无法靠男女之爱完全满足，人，生来是孤独的。没有悟性的人呢，那就继续折腾呗。

## / 早育还是晚育？ /

我的微博评论里有24岁女生说：女人早婚早育真的好，结婚生孩跟享受青春、打扮、聚会根本不矛盾，现在的人妻根本就不是以前的那种家庭妇女了，别人还在四处漂泊的年龄人家却小有收获了。至于事业，有家庭做后盾了再慢慢打拼都不急。

早婚早育，还能日子过得这么滋润，无非：1. 老公比你年纪大，收入高；2.双方父母有经济实力，身体健康还不老，有力气给你带孩子。如果你早婚早育图的是生了孩子不用带，老公有钱养你，那么要担心的是：1. 他在外面有别的女人；2.孩子成为公婆或阿姨的孩子。

无论早育还是晚育，生孩子当母亲都是“自讨苦吃”，一样辛苦。以为生孩子就是生产，趁年轻快快生好恢复身材，然后把孩子扔给老人管的女人，以后都会尝到苦果。早婚早育和晚婚晚育，各有甘苦，没什么好互相羡慕比较的。还是那句老话：鞋子舒不舒服，只有脚知道。

@才萌蛋：我24岁结婚 26岁当妈，当初也是被这通言论吸引早早结婚生子。可现在有了家，尤其有了娃，根本无单身时自由。虽然公婆乐意带孩子，但出去逛街聚会两小时就想宝宝，刚起步的事业也放弃了。有什么好得意的呢，现在我和老公正迷茫呢。

@harfenfee：一个同学当年大学一毕业就结婚，现在同学们都纷纷生孩子，她女儿已经上小学几年级了。但是她非常不开心，夫妻分居，女儿扔给婆家，自己也不带。常挂在嘴边的一句话就是，结婚千万别早，越晚越好！早婚早育是有好处，但是人在不成熟、没想明白之前就匆忙为了生孩子而结婚，肯定是要吃苦头的。

## / 你们吵的是鸡毛蒜皮吗？ /

昨晚在星巴克谈工作，一30岁男特意带了老婆来，让我给诊断一下：结婚一年多每周大吵N次，爆烈到要跳楼还报过警，在高架上开车吵架，男赌气说让老婆下车，没想到老婆真下去了，男的开车下匝道口，等他再想上来接老婆却开错了匝道……听得我和BOB目瞪口呆。现在小孩都是这么闹的，要出人命啊！

@DancemanBOB刘忠：他们的说话方式是这样的：1.用手指着对方；2.喜欢说你的错比我严重；3.认错时不是说我错了，而是说我们都有错；4.认错一方只是为了平息事态；5.先认错一方觉得吃亏，另一方会说，看都是你的错；6.双方都忘记了当时为什么开始吵架。你或者周围爱吵架的夫妻是不是也这样？

男对老婆说：你把我的智商拉到跟你一样的低水平。我说：哪里，你们智商水平一样，要不然不会在一起。有什么不共戴天的仇要吵到这德行？答：鸡毛蒜皮。鸡毛蒜皮只是表象，背后是发泄对他/她的不满。我花了10分钟跟他们理了理，原来是恋爱的时候就有问题，没解决，拖到婚后大爆发。

闹离婚的夫妻来跟我做心理咨询，问及为什么吵架，大部分都说：鸡毛蒜皮。既然是鸡毛蒜皮，为什么会吵到离婚？其实，背后掩藏着对他/她深层次的不满，不知道怎么表达好，不敢触及，怕一说出来就不可收拾，于是就用鸡毛来说事。而他/她并不理解你的深意，就也用别的鸡毛来回应。

这对小夫妻在我面前真实地演绎了鸡毛大战：男开车跟女吵架让她下车，是因为昨晚女吼他了，女吼他是因为前天男盘问她公司里的帅哥，男盘问是因为上周女看他手机，女看他手机是因为上上周……鸡毛后面真实的原因是彼此猜疑、不信任！恋爱时就有这样的问题，心结未除，老翻旧账。鸡毛蒜皮的背后是恋爱时就存在的没有解决的问题，严重缺失爱的能力：情绪管理、正确表达自己的感受、允许差异、同理心。

一对闹离婚的夫妻来咨询，丈夫要离婚非常坚决，宁愿净身出户什么都留给妻子，甚至不惜辞职离开上海。而经常嘴上叫“离婚”的妻子彻底傻眼。事后她说觉得咨询没有用，因为我没有帮助她把老公留住。到了这步田地，神仙也不能。

做婚姻心理咨询的同行经常感慨我们是做“临终关怀”的，心理咨询在中国还没有被广泛接受，婚姻出了问题的夫妻总是要等到不可收拾了，其中一小部分才会想起来找心理咨询师，试图抓一根救命稻草。而到了这种地步，心理咨询师也只能给予“临终关怀”了，让他们彼此都接受婚姻破裂的事实。

这样的妻子，咨询中常见，我问她们：为什么可以这样闹腾，是不是仗着他喜欢你？ 点头称是。推荐你去看一个故事《狼来了》。不剧透，自己去找。不要小看鸡毛蒜皮，不要以为你们争吵的只是鸡毛蒜皮，不要让鸡毛蒜皮累积起来最终成为一座大山压垮婚姻。

## / 结婚前后的差别 /

我在微博上征集结婚前后的差别，收到很多回复，有意思。

@谁不是谁的路人：会算计，结婚之后除了家用的钱其余各种奖金全部给父母，而到房子要装修的时候（房产证是他爸的名字）却逼我把我所有储蓄拿出来装修，幼稚，结婚之后，生了孩子之后，还像单身一样生活，天天打游戏。为了他的健康和他说说吧，还和我吵架，有时真的觉得自己还不如一台电脑，后来还升级成了多次家暴。果断离。

@馒头十八一枝花瞎胡闹：最震惊的是发现自己很难离开他。我曾以为我可潇洒。

@辛丑丑cc：他家竟然没有空调热水器！好吧，这不是重点……最震惊的是，他居然会家暴。

@了凡先生marcus：1.发现她的“白富美”是装出来的；2.发现她除了吃喝玩乐以外什么都不懂什么都不会；3.不安分守己，没有责任感；4.很虚伪，分明就是看重钱，但是还要在朋友之间装得对物质没兴趣。

@禅戒：脚臭，磨牙，打呼噜如雷响！每天早上在被窝里放臭屁，摸臭脚还拿到鼻子边闻闻。

@小糖盒zz：天天打游戏。

@W传说中的神H：不尊老，离婚中。

@汪汪的小尾巴儿：在一起一年多，感情很好，我知道他有很多缺点但也都能包容，我不能容忍他容忍不了我，总是抱怨我不够上进，不够努力，没见过世面，情绪化严重。虽然他说的有对的成分，但是我感到很压抑接受不了。

@Helenahelena001：跟他一起生活后，最震惊的是发现了更多的婚前他没有向我展示的优点！我是如此幸运。

@水煮鱼JY：在一起两年后他说没激情了，后火速找一妖女，怀孕结婚！我被悲摧地剩下了。

@熊寿司匣：最吓到我的是他上厕所可以不关门，放屁很臭，他一点也不介意影响形象。结婚前有次去他家，我跟他爸妈聊天，他冲了凉全裸着就飘出来，当时我心里就啊啊啊了。但是他为人很坦荡，结婚后跟婚前完全一样，所以那些小不适根本不算什么。

@圆圆的小宇宙：我发现他超级懒。

@阿温妞妞：他发现我不爱洗脚。

@星期三的奥丁：有一朋友，婚后发现她老公有恋姐情结，做爱时要求她喊弟弟……被她逼问出真相后（他一直对自己亲姐有想法），我朋友已提出离婚，目前男方努力挽回中。

@星期三的奥丁：之前他给我的印象一直是非常独立阳光的男生，看到真面目后也并非不能理解他的内心需求，但实在无法把男友当作儿子来看待。为此我们争吵了大约有半年之久，每次都是纠结在具体的问题上，诸如你为什么不帮我管钱？你为什么不做饭给我吃？为什么不帮我整理房间？为什么不帮我找钥匙……最终令人抓狂而分手。

@手机用户2733884033：老公震惊于我一点也不贤惠，我倒是惊喜于他挺顾家的。

@勇敢NANA：深深觉得我就是个局外人，在这个家庭我只是个居住者！

@鱼目也是珠：婚前极尽所能讨好我，尊重我意见，婚后开始无视我的看法，觉得他应该单方面代表我的意见，特别是面对他家人亲戚的时候。并且他希望我成为家庭主要经济支柱。

@瓜子猫：本人女，同居四年。越来越发现对方不会处理亲密关系（亲子关系也很糟），把“冷处理”当作“包容”，最后都要我来想办法收拾双方情绪。哪怕从实际行动上发现两人对“异性暧昧”的定义不同，无视我的抗议，继续要求我包容，自己也不愿意妥协。好累，分了。

@河豚小姐1314：交往半年，短期同居状态。目前两人都没有生活习惯上的不和谐，男生会主动做家务，个人卫生也还行。之前最严重的问题是感觉他离不开网络，现在改变很多了。只是观念和成长环境造成的不契合，还有待进一步沟通。

@mengjie-yu：曾经同居了几个月还是搬回家了！原来他的生活真的很无聊，且部分价值观还是有差别。

@MinnieRoseBow：本人女，做饭给对方吃，对方觉得不好吃丢碗走人，且不止一次，从此后对伴侣戒心重，不到半年时间，果断分手。

@麻亚里波妞--宗介宗介：他太洁癖我太脏，哈哈哈，我是女的！

@粉嘟嘟啵：相处近两年，已婚。刚开始他喜欢催我下班，不想我参加应酬社交活动，喜欢看我通信记录，我们为此吵过沟通过很多次，慢慢地他开始理解和支持了，也不再检查我的手机。

@--yo悠悠yo--：蹲在马桶上上厕所！没分手，不过四年后分了，因为别的原因。

@安然_莲自在：卫生习惯极差，与妈妈交流的方式是比谁声音大和措辞更夸张。前者我迁就他，改进努力协调中，后者寻求眼不见为净的途径。依旧在同居，他爸妈租我们楼上的房子。

@SunSuN在这里：他晚上睡觉会不停磨牙并且狂出汗出到枕头和床单全部湿掉。这应该是有什么病吧？他也不看医生，果断找个借口分手。

@随性时光：爱搓麻将，不守信用。女，婚龄两年。还未离婚。

@破除理想化：震撼发现他早泄，而且两人生活习惯差别太大，就此分手。

@三等公民3：结婚后发现原来我在他心中根本不是最重要的，他家人比我重要得多。

@胖子心态：婚后最震惊的是发现对方太听他父母的话，任由他母亲干预主宰我们的小家庭，内心依旧认同他与他父母才是一个整体。没有分手，争吵磨合了近两年，自己身体受到了很大损害。

@Radioheadache_2010：没有长期同居过，但短期生活过程中发现对方是个必须要人陪的人，不愿落单，不能守空房。他出去活动，我一人在家没问题；我加班，他一人在家，就一定要把我叫回去。

@牛大将军：发现他和他妈完全离不开彼此。我不愿插足。

@NanStation：婚前没同居过，所以婚姻生活开始后，他给我最大的震惊是他晚上累极了后会直接睡觉不洗澡。

## / 婚外恋见光死 /

卷入婚外恋的男女常常会问我的问题：我要不要离婚？答：为了你自己离婚，不要为了他/她离婚。

父母坚决反对的恋爱，地下情婚外恋，物质条件艰苦的恋爱，守得云开见月明，一切都好转起来后，却发生了新问题，原来的一致对外变成了对立面，情比金坚甚至也会出轨。有的人不能接受：他/她那么爱我，怎么也会……此一时，彼一时。两个人之间的不合适、矛盾，有时会被巨大的外部阻力遮蔽，环境越险恶，你们的感情越坚挺，甚至有相依为命的感觉。一旦把你们紧紧压在一起的外力消失，你们本来的矛盾便会显现出来，需要继续调整彼此的关系。不要迷信你们的情比金坚！

咨询中常见艰苦卓绝众叛亲离各自离了婚的男女，地下情一见光就死，昔日情人变得面目可憎，有的甚至后悔离婚。把自己离婚看作巨大的牺牲，怀着跟对方讨要补偿的心理，一点矛盾都会酿成大冲突；把跟他/她的爱情当作唯一精神寄托甚至人生信仰，他/她出轨或要分手就崩溃（多见于女性）。

很多人不明白心理咨询是做什么的，问我：人家要离婚，你是劝和还是劝离？我答：都不做。是帮助当事人自己做决定，看清他们的婚姻是什么状态，有无挽救的余地。如果他们决定离婚，我会恭喜他们——摆脱痛苦的婚姻，一别两宽，各生欢喜。

一男性咨客65岁，想离婚想了20年，老婆死活不肯。已经做爷爷了，终于离了，没有小三。他在45岁的时候曾经有过情人，他左思右想，没有跟妻子离婚，情人是单身，等不及了离他而去。他说，现在我65岁了，我觉得已经对得起所有的人了，现在可以为我自己活了，哪怕只可以活五年。唉，听了好悲凉啊。

- **你的婚姻有没有糟糕到一定要离婚？没有他/她的存在你会离婚吗？**
- **你离婚是觉得为他/她做出了巨大牺牲吗？你认为离婚后跟他/她在一起从此就情比金坚，什么矛盾都不会有，你或者他/她肯定不会出轨？**

如果你对问题1的回答都是YES，对2的回答都是NO，说明你对人性的认识足够深，你准备好为自己的决定承担风险。反过来，你对1的回答都是NO，对2的回答都是YES，说明你很傻很天真，看不清自己也看不清他/她，不了解爱情的本质，美化了自己和对方。世界永远不变的真理就是什么都可能变。

## / 如何不伤感情地吵架 /

伴侣相处最大的问题就是女人指望男人放弃个人习惯，完全按照自己的方式行事；男人总是误解女人的真正需求。

某次恋爱训练营讲座“如何不伤感情地吵架”，一女说老公脱下袜子没有按照她希望的方式翻转过来，她就不舒服，老是提老是吵。我给她三个字：你有病！她说：他就不能像女人一样……太好了，我马上抓住她的话头：像女人一样？你到底想要男人，还是女人？

今天男人女人同时都要兼顾事业和家庭，压力更大，更容易摩擦。男女平等，不意味着男女的角色可以互相调换。男女的减压方法大不相同，男人选择一个人独处，寻求解决方案；女人渴望把心里话向男人倾诉，真正需要的是男人的理解和共鸣，不是解决方案。伴侣相处最大的问题就是女人指望男人放弃个人习惯，完全按照自己的方式行事；男人总是误解女人的真正需求。

春节我问9岁儿子阿德新年愿望，他说：“抱着薯片在沙发上看电视，玩iPad，睡懒觉，不做作业，吃炸猪排冰激凌汉堡包……”恋爱训练营的共同创办人BOB马上发言，这也是他的新年愿望。这就是男人的本质，7岁到70岁都一样。而女人总是想把男人改造成“女人”，要男人放弃个人习惯，跟女人一样勤快整洁爱做家务。

我女儿阿赛9岁新年愿望：“我们女人最幸福的就是逛街，买漂亮的东东！”9岁小妞已经“我们女人”了，这么有女性意识太好了，比她妈强。我直到20岁还不会说“我们女人”呢。男女平等不等于可以互相改变性别角色，女人为什么要求男人做他们不擅长的事呢（整洁勤快做家务猜你的心思）。女人常常希望找到一个敏感多情的男人，像闺密一样善解人意。其实，男人越敏感越自恋，他们对自己的关注度远远超过关注女人，时间一长，女人就会倒胃口。

女网友：女人天性看不惯脏乱差，于是就不自觉地承担了更多的活。如果有一天能真把男人改造成“女人”，哪怕改善一点点，女人就可以稍稍休息下了。

答：这就是女人不幸福的典型思维，偏执。如果男人想把你改造成“男人”，你愿意吗？与其改变他人，为什么不改变自己，你一定要捍卫那些整洁标准吗？

女人常把家里的整洁程度看成不可撼动的天条，甚至到了洁癖的程度，这是农耕社会女人待在家里劳作的习惯在基因里流传下来的，只要在家眼里都是活儿。以前男人在外劳作，回家老婆也不会要求他帮忙家务，如今男女都要工作，老婆就对男人有要求了。是夫妻感情重要还是整洁重要？搞清楚。

@俞小伽ELLE：我也是经历过痛苦的好几年才明白其中道理。我原来有洁癖，虽是近视眼，但眼睛一扫就知道哪里不干净，晾衣服的时候红衣架配红夹子绿衣架配绿夹子，出去的衣架都要有美感。看到阿姨晾衣服我真想掐死她。我经常花力气把所有的细节全部处理好，等老公欣赏，他总是回答有什么区别。

看得惯少做点，看不惯多做点。男女都一样，做了就不要抱怨，任劳任怨。给脏乱差男人或女人一个角落，他们自己负责，你不要帮忙收拾，你收拾了他们东西找不到。修改你眼里至高无上的整洁有序“天条”，家是放松的地方，夫妻感情好远比干净整洁重要100倍。

吵架原则：

- **就事论事，不搞扩大化，不上纲上线**
- **不牵涉其他家庭成员**
- **不翻旧账**
- **吵具体的事情，不吵情绪**
- **不说侮辱的话**
- **坚决不说“分手”“离婚”**
- **不在孩子面前吵架**

**容易争吵的问题：**

金钱、孩子养育、时间安排、个人空间、异性交往、父母、兴趣爱好、工作规划

- **吵架时，男人关注事物本身的正确性；女人关注交流感受。解决问题容易变成人身攻击，要想防止争论升级，男人应当仔细聆听，并且提出更多的问题，女人要避免因过多谈论个人感受而产生负面影响。**
- **不顾一切说出消极感受，争论就会升级为战争。**

**争论升级为战争的错误语句：**

- **你怎么居然说出……/ 我理解你的话，我也同意，**

但是……

- 你竟然……气死我了/ 你的意思是不是……
- 扩大化，而不是具体化：你总是在看电视……/我想周末我们一起出去玩……
- 指望对方按照自己的性别方式做出回应：你为什么不能像女人/男人那样……
- 把他/她跟前任或别人比较
- 自顾自说个不停，对方无法插嘴
- 翻旧账
- 攻击对方父母家人
- 下命令口吻：你必须……/ 你愿意这么做吗……
- 居高临下地评价：你这是小题大做
- 纠正对方的想法，而不是给予理解同情：你没有必要……
- 消极屈服：好了好了，我按照你的意思做，你满意了吧？
- 威胁：如果……我们就分手离婚

**幸福咒语**

离婚第一理由——“性格不合，无法沟通”。为什么以前没有这样的问题，而现在有了呢？想要婚姻幸福，必须掌握幸福咒语，内容很简单：

- 你开心吗？
- 你为什么不开心？我要怎么做，你才会开心？
- 你感觉怎么样？
- 我不太明白你的意思，你能说说吗？
- 心情不好的时候告诉对方：我今天心情不好，让我自己一个人安静一会儿。

- 对方让你不好受时，告诉他：你这样说，我很难过。
- 告诉对方你的需求，而非抱怨。
- 用“可以”代替命令。
- 用“我希望”代替“你应该”。
- 现在我还不能同意你的想法，不过，也许你是对的！

## / 知道自己要什么是关键 /

常听当事人说自己的婚姻：我委曲求全跟他/她在一起，为了让他/她满意，让周围的人（父母朋友）都满意，唯独我自己不幸福。有趣的是，那个他/她来了后也是同样这种说法。所以，不要以为一个不好的婚姻里会有赢家。你在婚姻里不快乐，他/她也不会快乐。

我一女友，专业人士，40岁离婚无孩，都说离婚女人不好找，她去世纪佳缘网上试验，要求很明确：40~55岁专业人士，自己不想生育，希望对方如有孩接近成年，携手度过黄昏到暮年。反映还不错，见了几个，六个月后跟一50岁男结婚，专业人士，离婚，儿子20多岁。如今两人世界和和美美。知道自己要什么是关键。

有些有孩子的女人经济独立，婚姻很烂也不敢离的担心是：我还能找到更好的吗？那些单身剩女都找不到啊。我说：你现在的婚姻已经是最差的了，离婚单身还能更差吗？单身剩女着急生孩子，你还想再生吗？（她摇头）那急什么，离了慢慢找，不中意的不必结。能恋爱不能结婚也很好！

有人说50岁男人太老了，以后性能力不够，应该找个小10岁的男人。世上无应该，30岁男人难免想要孩子或离婚孩子很小，我女友不想要。人啊，什么都要就什么都要不到。

@Tina_GGG：其实很多人不知道自己想要什么的意思就是他什么都想要，可惜一般这样的人什么都要不到。

## ◎ 情感读心卡 使用及解读说明：

我爱他（她），可是不知道他（她）是不是爱我？你和他（她）的恋爱会顺利吗，会结婚吗？他（她）貌似对我很好，可是总不向我表白，为什么？他（她）没有拒绝我，可是也没有答应我，我还要继续等下去吗？

你的心事，情感读心卡都知道。随机抽出一张文字卡，搭配一张图片卡，可以自己解读或在心理咨询师的带领下，揣摩文字卡和图片卡所反映出的潜意识心境，以不同的问题和范畴来进行内向的自我探索和外向的辅导咨询，反映你的人格特质、行为表现和心理情境，提高自省能力，继而了解问题深层原因，做出及时速度的适应。使你能抱客观的态度去面对难题，令自己看得清看得真。

体会其中的寓意，这就是你想要的答案！